Le Masochisme
(Algolagnie)

Laurent Tailhade

ISBN 978-1507748954

Laurent Tailhade

LE MASOCHISME

La fête qu'assaisonne et parfume le sang
BAUDELAIRE.

En un vers trop connu pour le citer avec élégance, mais qui porte au vif de notre sujet, Lucrèce parle de ce quelque chose d'amer qui sourd en la fontaine délicieuse, nous torturant jusque dans les fleurs :

... Medio e fonte leporum,
Surgit amari aliquid quod ipsis in floribus
[angat

Ce trouble inavoué, ces obscures épines, ce dégoût clandestin du partenaire et de soi-même dans l'acte qui passe, chez la plupart des anthropoïdes, pour le cramoisi de la félicité, dominent sur toutes les manifestations de l'intellect humain : légende, histoire, poésie. L'homme n'accepte point sans révolte secrète le joug que lui impose — dédaignant son éphémère individu — la loi inamovible de l'espèce. Vaguement, le plus borné perçoit la mélancolie éternelle du geste qui

perpétue et soumet à la douleur immanente le
« troupeau raillé des Dieux » (Eschyle). Un dégoût se
lève qui dit à l'amour satisfait que le plus grand crime
envers les hommes c'est, non de leur prendre, mais
bien de leur conférer le jour. Et l'adolescent gonflé de
sève, l'époux à son midi, le vieillard que blêmit déjà le
crépuscule abominent et provoquent tour à tour cette
minute d'épilepsie où « Marc-Aurèle est égal à son
palefrenier, Zénobie à sa fille de ferme, » avec des
transes voluptueuses. Il aliène son vouloir, son orgueil,
sa personnalité au bénéfice de l'énergie obscure, de
l'instinct omnipotent qui l'asservit.

« Eros, maître des hommes et des dieux ! »
répétaient avec Euripide les spectateurs d'Athènes.
Eros, Himéros, Cupido, personnification
mythologique de l'attrait sexuel, de l'inéluctable désir :
c'est, d'après la coutume du polythéisme, le nom
individualisé, le phénomène organique promu à
l'existence divine. *Et caro factus est.* Rien de moins
folâtre que cette incarnation. Les conteurs du Moyen
Âge, de la Renaissance et du XVIIIe siècle, les
prosateurs grivois nous scandalisent et nous rebutent.
La façon joviale dont ils traitent de l'amour offusque
les modernes bienséances. Époux bernés, moines
paillards, matrones luxurieuses et pécores impudentes,

ces propos de cuisine ou d'antichambre nous font tourner le cœur. De Boccace à Voisenon, c'est un déchaînement d'ordures en goguettes, qui, pour des imaginations délicates, recule un peu les bornes du dégoût. Au lieu du tragique adolescent, né de l'Aphrodite marine, portant dans ses yeux farouches la tristesse immuable du ciel et de la mer, le culte polisson de la « gaieté française » taquine et glorifie le « petit dieu malin » galvaudé, cul-nu, parmi les roses de Boucher. L'étreinte des amants paraît aux Gaudissarts, qui rédigent les histoires de femmes, un passe-temps léger congruent à divertir les heures inoccupées. Voilà pourquoi, sans doute, leurs opuscules nous donnent l'impression la plus forte d'inintelligence et de vulgarité.

Caduques et précaires sont les ivresses de la chair. Une rancœur de nausée accompagne, dès qu'il est obéi, le plus tyrannique de nos instincts. Après le duel amoureux, l'homme et la femme se désenlacent avec plus de rancune que de lassitude ; l'antagonisme des sexes imprègne d'amertume latente la joie et l'ardeur bestiale des combattants.

C'est que le plaisir physique est borné par sa durée, par le siège unique des sensations voluptueuses : goût, odorat, toucher. Quand Nature a fait son œuvre, quand l'individu a transmis le *principium individuationis* (Schopenhauer, *Métaphysique de l'amour*) qu'il détient pour un moment, son angoisse importe peu à l'indifférente mère. Que le reproducteur, ayant semé les races à venir, tombe dans le néant ! Pourquoi l'homme prétendrait-il à plus de délices ou d'immortalité que les êtres aussi forts et non moins beaux que lui ? Pourquoi donc un destin meilleur que les animaux ses frères qui naissent, provignent et meurent sans plainte, dans une concordance équanime avec le plan de l'Univers ?

Mais l'obstiné « roseau pensant », le maître d'un jour, n'abdique pas ainsi le domaine de ses voluptés. Si le plaisir transitoire ne satisfait point l'énorme concupiscence de bonheur qui le tourmente, il jettera dans le maelström de la luxure les instincts, les préjugés acquis, les fictions de l'honneur et les billevesées de la morale ; puis, s'embarquant sur la Mer-des-ténèbres, il y jettera, dans ce mœlström, la vie encore elle-même, et le sang de ses veines, et les crispations de ses nerfs, et le pantèlement de ses organes déchirés.

Pour marquer à son empreinte les froides mamelles

de l'implacable Isis, il lui mordra le sein. Il greffera sur la délectation animale tout ce qu'il pourra imaginer de crimes, de vice ou de douleur. Il aimera des monstres, et, devenu monstre à son tour, il goûtera dans la mort les suprêmes délires que la vie est impuissante à fomenter. Car, si le plaisir physique a des bornes, la douleur, au contraire, est sans limites : c'est afin d'agrandir et de magnifier les extases charnelles que l'homme implore la douleur et demande à ses tenailles un spasme inattendu. Il n'est pas un seul point du corps humain qui ne puisse devenir le centre d'une torture sans limite. Une poussière dans l'œil, une tare imperceptible dans le plus menu des os, et le supplice rayonne, s'agrandit, enveloppe d'effluves térébrants la victime tout entière.

Au surplus, la cloison n'est guère étanche. Où débute la morsure ? Où finit le baiser ? À quel point exact de la sensation commence la géhenne ? À quel point cesse la volupté ? Râle d'agonie ou râle de jouissance, torture ou pâmoison, la luxure et la mort ont les mêmes épouvantes et les mêmes hoquets.

Ma colère vaut la tienne. Je hurle, je mords, j'ai des sueurs d'agonisant et des aspects de cadavre. Mon gouffre est plus profond ; des marbres ont inspiré d'obscènes amours. On se précipite à des rencontres qui effrayent. On rive des chaînes que l'on maudit[1].

Baudelaire atteste que :

L'amoureux, pantelant, incliné sur sa belle,
À l'air d'un moribond caressant son
[tombeau.

Il dit encore :

Les glaives sont brisés, comme notre
[jeunesses
Ma chère ! mais les dents, les ongles acérés
Vengent bientôt l'épée et la dague
[traîtresse.
Ô fureur des cœurs mûrs par l'amour
[ulcérés !

Et ailleurs :

Je te hais autant que je t'aime :

---

1   FLAUBERT. *La Tentation de Saint-Antoine, in fine.*

Laurent Tailhade

... Aussi je voudrais, une nuit,
Quand l'heure des voluptés sonne,
Vers les trésors de ta personne,
Comme un lâche, ramper sans bruit

Pour châtier ta chair joyeuse,
Pour punir ton corps pardonné
Et faire à ton flanc étonné
Une blessure large et creuse,

Et, vertigineuse douceur,
À travers ces lèvres nouvelles,
Plus éclatantes et plus belles,
T'infuser mon venin, ma sœur !

Algernon-Charles Swinburne tient, dans *Anactoria*, un langage pareil. Au surplus, et ne voulant pas qu'on en ignore, l'ami de Swinburne, M. Powel (cf. Guy de Maupassant, *Notice*, Albert Savine, édit., 1891), propriétaire d'un petit chalet à Étretat, l'avait baptisé « Chaumière Dolmancé ». Dolmancé, le misogyne inverti et luxurieux, mène la bacchanale et sert de protagoniste à *La Philosophie dans le boudoir*.

Le masochisme

Je voudrais que mon amour pût te tuer ; je suis rassasie de te voir vivre et je voudrais bien t'avoir morte. Je voudrais trouver de douloureuses façons de te tuer, des inventions intenses et des superflus de douleurs ; te torturer d'une agonie amoureuse et secouer la vie sur tes lèvres et la laisser là pour te peiner ; étreindre ton âme avec des battements trop doux pour te tuer, d'intolérables répits et un mal infini ; rechute et répugnance de ton souffle, tons muets et demi-tons tressaillant de la douleur...

Ah ! que mes lèvres fussent tes lèvres muettes, mais pressées sur la fleur meurtrie de ta blanche poitrine flagellée. Ah ! que ma bouche fût nourrie, au lieu du lait des Muses, du doux sang que tes suaves petites blessures ont saigné ! qu'avec ma langue je les pusse sentir, et goûter es faibles gouttes de ton sein jusqu'à ta ceinture ! que je pusse boire tes veines comme du vin et manger tes seins comme du miel...

Ne te blesserais-je pas parfaitement ? Ne toucherais-je pas les pores de tes sens avec la torture, et ne voudrais-je pas brillants tes yeux des larmes sanglantes et d'une lumière blessante, et ne tirerais-je pas un spasme d'un spasme comme une note est tirée d'une note ; ne saisirais-je pas la musique cachée du sanglot dans ta gorge ; ne prendrais-je pas tes membres en vie et n'y moulerais-je pas nouveau une lyre aux agonies impeccables et diverses ? Ne te nourrirais-je pas de fièvre et de faim, et de subtile sécheresse ; ne tordrais-je pas ta bouche parfaite de spasmes parfaits ; ne ferais-je pas tenailler ta vie en toi et brûler encore, et ne hisserais-je pas ton esprit à travers ta chair ? Cruelle ! mais l'amour rend bus ceux qu'il aime bien aussi sages que le ciel et plus cruels que l'enfer.
(Traduction GABRIEL MOUREY.)

Henrick von Kleist, cité par von Krafft-Ebing

Le masochisme

(*Psychopathia sexualis*, p. 121), se complaît à décrire dans sa *Penthésilée* un cas analogue de cannibalisme luxurieux :

> En lui arrachant son armure, elle enfonce ses dents dans la poitrine blanche du héros (Achille), ainsi que ses chiens qui veulent surpasser leur maîtresse.

(Cf. Barbey d'Aurevilly, *La Vengeance d'une femme*, la duchesse de Turrecremata disputant aux chiens le cœur de son amant, dans une de ces grotesques historiettes dont le ridicule auteur des *Diaboliques* était coutumier.)

> Les dents d'Oxus et de Sphinx pénètrent à droite et à gauche. Quand je suis arrivé, elle avait la bouche et les mains ruisselantes de sang. Plus loin, quand Penthésilée est dégrisée, elle s'écrie : — Est-ce que je l'ai baisé à mort ? Non, je ne l'ai pas baisé ? L'ai-je mis en morceaux ? Alors, c'est un leurre. Baisers et morsures sont la même chose et celui qui aime de tout son cœur peut les confondre.

De même Autonoé reconnaît, au dénouement des *Bacchantes*, le chef sanglant de Penthée à la place du lionceau qu'elle croit avoir intercis.

Cette corrélation intime de la douleur et des caravanes sexuelles que, même les couples fortunés, dans leurs nuits souriantes, perçoivent au plus caché de leurs entrailles parmi ces « idoles de caverne » qui hurlent aux tréfonds du « moi », cette union de la souffrance et du *libido* vénérien sert de point de départ à la cruauté mystérieuse qui, pour ses adeptes, entérine et condimente le vulgaire déduit. Le sens de la beauté, en dehors de l'attrait spécifique et du vouloir (conscient ou non) de perpétuer le *genus homo*, a créé le saphisme et l'amour grec. Le goût paradoxal des tortures engendra ces deux formes de la cruauté passionnelle ou, pour employer un vocable teuton et suffisamment pédantesque de « l'Algolagnie » [2] : le

---

2 Le mot que nous risquons, faute d'équivalent, appartient en propre M. Carl Félix von Schlichtergroll (*loc. cit.*). Il est permis de redouter qu'il surprenne les belles pénitentes de M. Bourget. Il eût effrayé Talleyrand, à qui sa mère avait appris l'art de n'employer jamais des termes techniques. Il nous faut ici un peu plus de vacance et congé de nommer les

sadisme et le masochisme, le besoin de subir ou d'infliger des tourments.

*

* *

Ce fut un homme docte qu'Henri Meibom, fils de Jean qui latinisa son nom en Meibomius et, nourri des sucs de la plus bombinante rhétorique, dédia respectueusement au clarissime évêque de Lubeçk, Christian Cassius, une oraison ou, pour mieux dire, un traité plein d'élégance et de pompe cicéronienne : *L'Usage du fouet dans la chose de Vénus.* En tête de l'opuscule, une épître de Thomas Bartold, autre savantasse qui aurait pu endosser le lyripipion de Jeanotus, pleine de louanges emphatiques où sont, d'après le bon usage, recordés les pères de l'Eglise et les auteurs profanes, les théologiens et les maîtres mires, et les poètes et les souffleurs d'athanors : Platon, Avicenne, Tertullien, Catulle, Juvénal, Prudence, Jérôme Cardan, Oribase et quelques autres, le tout, afin de démontrer l'influence apéritive de la flagellation dans le congrès d'amour et de conseiller les étrivières aux personnes immodestes qui ne craignent

choses par leur nom.

pas d'aiguiser d'un peu de cruauté le véhément de leurs plaisirs. Un distique latin à la manière de Naso engage ces prolégomènes et dispense de lire plus avant. C'est la philosophie intégrale de Meibom, touchant la bastonnade :

Delicias pariunt Veneri crudetia fiagra :
Dum nocet, illa juvat, dam juval ecce
[nocet.

Depuis trois siècles et demi, l'opuscule de Meibomius est en possession d'alimenter les recueils d'anas. Il a servi de type *ne varietur* aux ouvrages plus ou moins érudits qui traitent la fustigation religieuse ou vénérienne (si tant est qu'une différence, même légère, existe entre les deux). Meibomius eut l'honneur d'inspirer l'abbé Boileau, dans son *Histoire des Flagellanst*, où, pour la première fois, sont reproduites les anecdotes inévitables, par la suite, du comte Jean Pic de La Mirandole, qui ne pouvait s'acquitter du « devoir conjugal » qu'après avoir été, au préalable, chaleureusement étrillé, à coups d'une cravache trempée dans du vinaigre, si bien que *nescires utrum affectaret avidius verbera an coïtum*, et celle du beurrier de Lùbeck, banni hors du pays pour avoir commis adultère et quelques autres peccadilles, qui ne se comportait jamais si bien dans l'action qu'après que la mérétrice l'avait régalé sur le dos et les lombes d'une anguillade soutenue [3].

Ces faits de masochisme sont connus de tous. Krafft-Ebing, dont la *Pychopathie* abonde en informations plus nombreuses que choisies, leur a fait l'honneur de les rééditer. Ce sont des manifestations connues et caractéristiques d'un ensemble d'accidents morbides qui ont laissé des traces dans la littérature et dans les arts de tous les peuples. On a jugé à propos de les citer une fois encore avant d'entrer plus avant dans l'étude assez monotone de *l'algolagnie* à travers les âges. Ce département redoutable de la psychopathie érotique, cette *malebolge* de l'enfer sexuel, abrite les mêmes désespoirs que l'autre enfer. Ici, point de recours à l'anathème. Comme dans la sylve du Dante, le « soleil se tait » ; mais nulle Béatrice, debout, sous

---

3   C'est, disait Panurge, comme ceux qui, par le rapport de Cl. Gallien, ne peuvent le nerf caverneux vers le cercle équateur dresser, s'ils ne sont très bien fouettés. Par saint Thibault, qui ainsi me fouetterait me ferait bien au rebours désarçonner de par tous les diables. (*Pantagruel*, lib. IV, cap. XII.)

un porche de saphir matinal, n'enseignera aux maudits la voie épiphane de leur rédemption. Mystiques ou sensuels, pudiques ou obscènes, les aberrants qui se fouaillent de vimes ou d'escourgée, ceux qui se déchirent eux-mêmes ou se font déchirer, ceux qui implorent le chat à neuf queues ou le prodiguent à leurs compagnons (aussi bien dans les lupanars que dans les cloîtres) sont atteints soit d'une localisation anormale des zones érogènes, soit d'une déviation maladive de la sensibilité qui transmue en délices les affres les plus cruelles, soit enfin de l'anesthésie hystérique appelée, au beau temps des sorcières, « charme de taciturnité ». Masochistes ou sadiques, ce sont des pervertis. Les tribades, au contraire, les sodomites sont des « invertis » qui retomberaient dans la normale s'ils pouvaient changer le sexe (Cf. Krafft-Ebing. *Psychopathia sexualis*, obs. 131 : la comtesse Sarolta Sandor). Les tourmenteurs de soi-même ou d'autrui ne paraissent aucunement susceptibles d'amélioration. Ils ont franchi une porte de crimes et d'angoisse d'où les pérégrins ne s'évadent jamais plus.

*

* *

Le masochisme

L'histoire et les mythologies donnent assez tardivement quelques exemples d'*algolagnie*. Les anciens auteurs ne mentionnent les faits de cet ordre qu'avec une certaine légèreté ; c'est une énigme, une chose curieuse dont les contemporains s'étonnent, mais à laquelle, une fois constatée, ils ne cherchent pas la moindre explication.

Toutefois, les Hellènes, dans leurs cités de lumière, de douceur et d'harmonie, avaient une indulgence qu'on peut nommer scientifique pour les troubles amoureux de l'esprit. S'ils ne regardaient pas l'aliéné comme en proie à la visitation d'un dieu (idée orientale et fataliste), du moins ils savaient que l'amour est une sorte d'envoûtement, une folie où se manifeste l'animosité des puissances cosmiques. Plus tard, le christianisme enveloppa les âmes de ténèbres. Ce fut la grande nuit. L'Église condamna tout ce qui lui parut neuf ou menaçant pour les dogmes implacables qui réduisaient le monde en esclavage. Elle proscrivit les superstitions exploitées en dehors d'elle comme une redoutable concurrence. Thaumaturges, sorciers, astrologues — tout comme les *chitomés* du Congo ou l'*angakout* des Innuits — les prêtres catholiques souffrirent impatiemment les miracles dont ils ne percevaient pas les fruits. Toute démence religieuse fut persécutée, ou du moins tenue en suspicion, qui ne les servait point dans la conquête de l'or et du pouvoir. Le progrès s'est fait en dehors de l'Église et nonobstant sa volonté.

Dans les hautes époques de leur mythologie, les Grecs ne représentaient pas le redoutable Eros, vainqueur des Phèdres et des Sténobées, sous les traits puérils qui lui donnèrent plus tard les poètes décadents. C'était un fauve lutteur, âpre gomme la jeunesse, courbant sous sa royale main les monstres asservis, trempant de lourds poisons ses flèches redoutables, empruntant à Cypris cette verge despotique dont Horace, aux jours de son automne, implorait la vertu :

> O quæ bealam diva Lenes Cyprum et
> Memphin carentem Sithonia nive,
> Regina sublimi flagello
> Tange Chloen semet arrogantem.

La « sainte démence » emportait Hérakiès, à travers les chutes et les expiations, d'Omphale à Déjanire, de Déjanire à Iole et d'Iole, qui le reçut près de mourir, au brasier triomphal. Chez la reine de Lydie où l'emprisonnait son tendre cœur, le fort des forts, la

Le masochisme

« Force héracléenne » donnée en risée aux icoglans de sérail, aux hommes-femmes de l'Asie, endura de suprêmes douleurs. Mais il aimait au point où la souffrance même est une volupté. La rieuse, la méchante, s'attendrit enfin. La semence du héros féconda ses entrailles : un fils, Lamos, naquit de leurs baisers.

Dans le monde antique, la Luxure et la Mort, la destruction et la renaissance, mêlent, échangent leurs aspects. Les Sirènes, Circé qui transmue en bête ses amants,

Et l'illustre Echidna, fille de Krysaor,

montrent ces deux aspects connexes de la vie :

Mais ceux qu'elle enlaçait dans ses bras
[amoureux,
Nul n'en dira jamais la foule disparue ;
Le monstre aux yeux charmants dévorait
[leur chair crue
Et le temps blanchissait leurs os dans
[l'antre creux.

LECONTE DE LISLE.

Le taureau solaire enfante de Pasiphaé un monstre pareil à Moloch dévorateur. La bonne Démêter elle-même assiste à l'équarissage de Marsyas. Dans un accès de frénésie, éperdu, le jeune Athis, aimé de la Sangaride, comme, plus tard, Combabus, atteste qu'il est pur en arrachant l'orgueil de sa virilité. Diodore de Sicile (III-58) impute encore à Démêter la castration d'Hippomène, transformé en lion par la suite, et rivé sous le fouet, en compagnie d'Atalante, au char de la Mère des montagnes. Les reines d'Assyrie, les Sémiramis, le Parysatis, mères-épouses du monarque, semblent prolonger dans la vie humaine la mythologie d'Athys,

> qui, sous les pins noirs de son antique
> [amante,
> D'un délire divin longuement transporté,
> Par les pleurs, par les cris de sa bouche
> [écumante
> Clame son impudique et fière chasteté.

ANATOLE FRANCE, *Leuconoé*.

Lord Byron (Sardanapale) a cette vision de la reine de Badel :

Le masochisme

...un monstre,

Vêtu en femme, la couronne sur la tête,

Le visage ridé mais de vengeance avide

Et ivre du luxure...

La légende si vague, de Sémiramis, sur les confins du mythe et de l'histoire, la représente comme une sorte de déesse, guerrière et lascive à la fois. Elle traîne les potentats captifs dans son palais, pour les crosser comme des animaux. Parfois, les prenant pour des chiens, elle exerce leur troupe à manger sous sa table, les fouette et s'amuse, par moments, à leur jeter quelques reliefs. Son dernier descendant est le morne Sardanapale, roi de harem, qui ne parvient pas à éclairer la tragique lueur de son bûcher funèbre.

Une fable cosmique, dans la Bible des Hébreux se superpose aux *pathêmata* d'Héraklès. Samson (*Schimechon*, petit soleil) est exténué par Dalila, prêtresse de Dagon, le dieu des profondeurs humides, comme le fils de Zeus par les diverses figures de l'eau : mer, fontaines, rivières, Iole, Hylas, Omphale, Déjanire. C'est en coupant les cheveux de Samson (les rayons du soleil) que Dalila triomphe de sa vigueur et le plonge dans la nuit. Humanisé, le récit du livre des Juges (d'une époque bien antérieure à cette rédaction) fournit un exemple nouveau de masochisme, de servitude sexuelle chez le mâle et, chez la femme, de lubrique férocité. Le beau poème de Vigny chante dans les mémoires. Salomon, fils de David, déclare que la femme est la désolation du juste. Dans ses *Antiquités*, Josèphe incrimine le fils de Daoud pour s'être complètement abandonné aux sultanes favorites ; de même, Phérocas, puîné d'Hérode le Grand, qui, tout au plaisir de se faire malmener par une esclave, oublia d'épouser la reine Cypros à qui la raison d'État l'avait fiancé malgré lui.

En sa qualité de juif névropathe, Josèphe ne tarit pas sur ces aventures des princes masochistes ou invertis. On y chercherait en vain l'ampleur de Suétone ou de Juvénal. C'est une luxure de province qui n'atteint point à l'œcuménicité de l'Empire.

Suivant la mode orientale de proposer des énigmes, Darius Hystaspès, assis au milieu des satrapes et des grands de la cour, leur demandait après boire : « Qui possède le plus tyrannique pouvoir, du roi, de la femme, de l'ivresse ou de la vérité ? ». Chacun d'exalter, suivant son degré de courtisanerie ou de duplicité, la puissance du roi, et le vin de sa table et la force du vrai. Mais Zorobabel, juif de Jérusalem, promu à la dignité de garde du corps, les réfuta victorieusement : « La domination de la femme ne connaît pas de bornes. Tous, nous sommes venus de ses flancs, comme le roi lui-même, comme les vignerons qui récoltent le vin, comme les juges qui gardent la vérité. C'est pour elle que nous abandonnons le foyer paternel, que nous exposons notre vie et même nos trésors. Nous mettons à ses pieds le fruit de nos labeurs, cédant à ses caprices et nous prêtant à ses mensonges. Elle est donc plus impérieuse que le vin et que la vérité. Quant au roi, j'ai vu ce maître du monde *recevoir le fouet* de la main d'une de ses concubines, Apamé, fille de Rasbezate le thémasien. Certes, il paraissait fort heureux de servir de jouet à cette belle et que, par amusement, elle posât sur sa tête le bandeau royal — maîtresse victorieuse de la royauté. » Ce trait, quelque peu niais mais caractéristique, se trouve aussi dans Le troisième livre d'Esdras, rejeté par les chrétiens de leurs livres canoniques.

À Sparte, couvent militaire, les jeunes hommes furent exercés aux macérations les plus sanglantes. Les bomonices, devant l'autel d'Arthémis Orthia, enduraient les cruelles fustigations. La prêtresse tenait une statue de la déesse ; quand l'exécuteur se relâchait, par fatigue ou par commisération, elle criait que le divin simulacre devenait trop lourd, qu'il échappait à ses mains, et les coups de tomber plus drus sur l'adolescent impassible. Plutarque (*Coutumes de Lacédémone*), Cicéron (*Tusculanes*), Nicolas de Damas (*Mœurs des nations*), le scholiaste de Thucydide, Lucien (*Exercices du corps*), d'autres encore, où se documente le coriace Boileau, renseignent amplement sur les jeunes Spartiates fouettés, une journée entière, dans le *pronaos* d'Arthémis, les honneurs dévolus aux intrépides et le contentement que goûtaient leurs familles. C'était une façon de concours général qui donnait au lauréat vainqueur un lustre sans pareil. Lucien (*perigumnasiôn*) ricane doucement. Les héros de la fessée, et leur mort, et les tombeaux élevés à leur mémoire ne le comblent pas d'enthousiasme. Dans la manière dont il parle d'eux, on sent déjà le sarcasme que Houdon a posé sur la bouche de Voltaire : « Mais vous plantez-vous des clous dans le cul ? » demande à Babouck un dervis renommé pour maint exploit d'ascétisme hypodermique.

Pausanias (VIII, 25) enregistre une cérémonie analogue aux fêtes de Bacchus, dans le temple d'Alea, petite ville d'Arcadie. Là, comme à Sparte, une femme jeune et belle faisait dilacérer de beaux jeunes hommes.

Le masochisme

Tels, jadis, sur les pentes du Cithéron, Ino, Agavé, Autonoé, la troupe orgiastique des filles de Cadmos, avec des cris de joie et de colère, mordait à pleines dents la chair des louveteaux.

Les prêtres de Cybèle, curètes, baptes, coryhantes, « ces capucins de l'antiquité », promenaient la Déesse, et leurs macérations appâtaient les âmes dévêtes. Les coups de lanière achalandaient leurs boutiques, pourvoyaient à leur dîner (Cf. Apulée, *L'Ane d'Or*, lib. VIII). Athènes, Corinthe, Lacédémone, la Phrygie et Rome elle-même connurent cette démence. Une chapelle de corybantes déshonora le Palatin. Pendant les fêtes qu'on y célébrait, les dévots s'infligeaient des tortures. Parmi les affres du plaisir, ivres de vin, de tournoiements lubriques et d'extase sacrée, ils saisissaient des verges, des poinçons ou des cailloux tranchants. Dans un râle suprême, ils déchiraient leurs membres ou se mutilaient comme l'éphèbe Athis. Les yodinnim de Moloch (Cf. Gustave Flaubert, *Salambô*) et « leurs horribles ferrailles » ; les croyants de Jaggernaut qui se font suspendre au char de Kali par des hameçons implantés dans leurs chairs, ne diffèrent point du diacre Pâris ou des convulsionnaires de Saint-Médard. Anesthésie ou transposition de la souffrance en volupté, le mysticisme, l'hystérie et la *paranoïa sexualis* sont les mêmes à toutes les époques et sous tous les climats.

Ce n'étaient pas les seuls charlatans de la Bonne Déesse qui propageaient à Rome le goût des sanglantes paillardises. Servius, lorsqu'il explique ce vers du ville livre de l'Enéide :

Hic exultantes salios nudosque lupercos

dit que les hommes qu'on appelait de ce nom de « Luperques » se dépouillaient de toute espèce de vêtements, couraient ainsi les rues, et qu'ils étaient munis de fouets dont ils frappaient les femmes qui leur présentaient la paume de leurs mains ; parce qu'elles imaginaient que ces coups donnés sur la paume des mains ou sur le ventre les rendraient fertiles ou leur procureraient un heureux accouchement. De là vient que Juvénal dit (Satire II, vers 142) :

Nec prodest agili palmas proebere luperco

et que son ancien scholiaste remarque là-dessus :

Steriles mulieres februantibus lupercis se offerebant et ferubo verberabantur.

Prudence dit aussi, dans son *Martyr romain* :

Le masochisme

Quid illa turpis pompa ? nempe ignobiles
Vos esse monstrat cum lupercis curritis.
Quem servulorum non rear vllissimum.
Nudus plateas si per omnes cursitans,
Pulset puellas verbere iclans ludicro.

Festus Pompeïus, dans son IIIe Livre, ajoute à tout
ceci :

> Crepos romani Lupercos dicebant a
> crepitu pellicuarum quem faciunt
> verberantes : mos enim romanis in
> Lupercalibus nudos discurrere et pellibus
> obvias quasque feminas ferire.

Ici intervient l'idée, aussi tenace que l'erreur
humaine, du sacrifice et de la propitiation. Dieu est
l'éternel ennemi. Jaloux, malfaisant, cruel, on ne peut
apaiser sa méchanceté qu'au prix d'un holocauste
infiniment rare : sacrifice de vierges, d'enfants ou de
captifs, grillades et massacres devant Moloch,
Witzliputzli ou le fade Jésus. Mais un autre élément
complique ces sortes d'immolations légales ou
volontaires. À la psychopathie sexuelle, de nouveaux
facteurs s'ajoutent dont le plan de cette étude n'a pas à

tenir compte. L'hiérogénie analysée par le Dr Binet-Sanglé (*Revue de l'Hypnotisme*, décembre 1899 à juin 1900), par les Goncourt (*Madame Gervaisais*), et que nous retrouverons d'ailleurs comme partie intégrante du masochisme chrétien, relève plutôt de l'aliéniste. Les malades canonisés, surtout par l'Église catholique ne sont même pas des névropathes ou des érotomanes, mais bien des lunatiques absolus, dont la camisole de force et la douche seules peuvent amender la stupide vésanie.

Racine prétendait que l'œuvre de Tacite est dans toutes les mains. Cela pouvait être exact au XVIIe siècle. Il serait présomptueux d'imputer une lecture si soutenue à nos contemporains. Je les soupçonne fort de négliger Tacite, Juvénal, Suétone, Martial et même Lampridius. À peine connaissent-ils la *Légende des sexes* de M. Edmond Haraucourt.

Nulle part la cruauté libidineuse, le sadisme, le masochisme ne s'imposèrent moins de réticences que chez les *Impérators*, Césars, Flaviens, Antonios : l'Empire fut une longue bacchanale où se confondirent les rangs et les sexes, où la fureur de jouir mêla, pendant trois siècles,

Le masochisme

L'écume du plaisir aux larmes de tourments.[4]

Néron émascule son bien-aimé Sporus et, par une fente large ouverte, à la place mutilée investit le bel adolescent. Il se fait poursuivre, harnaché d'une peau de bête, par l'affranchi Dorjphorus qui, après l'avoir sanglé durement, épouse le maître du monde. Il mord aux génitoires des captifs enchaînés. Il incendie, en déclamant des vers d'Homère, plusieurs quartiers de Rome. Il fait massacrer les histrions coupables de vocaliser mieux que lui. Il dispute le prix des chars à d'infâmes voyous semblables de tout point aux modernes jockeys. C'est la folie du Cirque. Les vainqueurs montent dans la couche de cet androgyne et souillent de leur immondice la pourpre des Césars. Entre temps, le fils d'Ænobarbus passe des nuits entières « assis à côté du cithariste Terpnos, étudiant son jeu, perdu dans ce qu'il entend, suspendu, haletant, enivré, respirant avidement l'air d'un autre monde qui s'ouvre devant lui, au contact d'un grand artiste. » (Renan, *L'Antéchrist.*)

Héliogabale, enfant malade, pareil aux eunuques d'Astarté, aux *mujerados* des peaux-rouges, aux castrats du saint-père, va plus loin dans l'abandon furieux de

4   Baudelaire

toute dignité. Son culte pour la vigueur mâle induit le frêle empereur à épouser des garçons de cuisine, des laveurs de vaisselle renommés pour la proportion de leur mentule, pour l'ignominie de leur visage et la bestialité de leurs comportements. Lampridius atteste ces choses, embaume dans le mucilage de sa cuistrerie la plupart des abominations que feu Jean Lombard devait transposer, un jour, en algonquin.

> Aurigas Protogenem et Gardium, primo in certamine curuli socios, post in omni vita et actu participes habuit. Mullos, quorum corpora placuerant, de scena et circo et arena, in autam traduxit. Hieroclem cero sic amavit, ut eidem inguina oscularetur, quoci dictu etiam verecundum est, Floralia sacra, se asserens celebrare. (LAMPRIDIUS. *Héliog.*, par. VI.)

Aux festins impériaux, une pluie odorante de fleurs, des roses, des jasmins, des pétales d'orangers étouffaient les convives, comme une marée montante. On leur servait des poissons de marbre et des fruits en cire à modeler, tandis que, gisant sur des peaux d'ours et de tigre, caressé par la flagellation des éventails, le petit-fils de Julia Maesa faisait transverbérer sous ses yeux de beaux esclaves nus.

Ces rites de luxure et de méchanceté ne se limitaient point à la demeure impériale. On sait (Tibulle) que le dames romaines enfonçaient par amusement leurs épingles à cheveux dans les seins de leurs chambrières. Trimalchio se plaisait aux chiquenaudes itératives d'un bouffon [5]. Les patriciens,

---

5 Il avait un frère, nommé Lucius Quintius Flaminius, qui ne lui ressemblait en chose quelconque ; car il était si dissolu en voluptés et si abandonné à son plaisir qu'il en oubliait tout devoir d'honnêteté. Il aimait un jeune garçon dont il abusait charnellement et le menait toujours avec lui quand il allait dehors en quelque guerre ou en quelque charge et gouvernement de province. Ce garçon, le flattant un jour, lui dit qu'il était si fort épris de son amour qu'il avait laissé à voir les combats des gladiateurs et des escrimeurs à outrance qui se préparaient à Rome sur l'heure de son parlement, combien qu'il n'eût jamais vu tuer homme, ayant plus cher de servir au plaisir de lui qu'au sien propre. Lucius étant bien aise de ce propos, lui répondit incontinent : « Il n'y a rien de gâté pour cela, car je t'en ferai tout à cette heure passer ton envie. » Si commanda qu'on tirât

les affranchis opulents exigeaient de leur clientèle un hommage qui n'allait point sans dégoûts.

Le parasite Nevolus se plaint amèrement :

... numerantur deinde labores
An pronum est et facile agere inter viscera
[penem
Legitimum alque illic hesternae occurere
[cœnæ ?
(Juv., sat. IX, y. 42 et suiv.).

Ailleurs, le satirique proteste contre le scandale des mariages uranistes en honneur chez les consulaires et les chevaliers.

----

de la prison un des criminels condamnés à mourir, et fit quand et quantes venir le bourreau auquel il commanda de lui trancher la tête au milieu du souper. (PLUTARQUE, tr. AMYOT, t. III, *Vie de T. Q. Flaminius*. Paris, J.-F. Bastien, 1784.) Mauvaise édition dans laquelle un cuistre a « simplifié » l'orthographe d'Amyot ! L'inspecteur d'académie qui se propage sous le nom de Cuir et travaille à rendre Balzac « moral et séduisant » mériterait d'avoir grouïné aussi une pareille truffe.

Le masochisme

Quad raginta dedit Gracchus sestertia
                                [dotem
Cornicini, sive hic recto cantaverat oere.

Le bardache pécunieux se déguise en mariée, assume la parure et les devoirs des justes noces. Voilé du *flammeum* orange, écrasant sous son pied les noix qui rebondissent, aux chœurs des hymnes fescennins,

Huc odes, Hymen o hymenœ !

il s'abandonne, pâmé de luxure, aux baisers malodorants d'un garçon de bains ou d'un palefrenier. C'est le mariage de mon frère Yves avec MM. de Bougrelon et de Phocas.

Ainsi, depuis les temps fabuleux jusqu'à la décomposition du monde antique, un désir sanguinaire, un appétit de meurtre, une folie homicide condimente le spasme vénérien. Le sang fume aux pieds de Cottyto. La Mort sert d'aphrodisiaque et d'entremetteuse aux couples enlacés. La douleur prête de nouveaux aiguillons à la concupiscence ; tel, ce cavalier des phallophories qui, de son éperon aigu, talonne un priape déchaîné.

Laurent Tailhade

*

* *

Dans le monde chrétien, le goût des sévices érotico-mystiques, la fureur des verges et des plaies se systématisent, remplacent à la fois les vertus civiques et les ébats du lit nuptial. Plus tard, la frénésie se compliquera de bêtises. La férule devient un instrument d'éducation : *portœ Musarum clunes*, disent les pédagogues crasseux du Moyen Âge. Et les ignorantins accablent encore de mauvais traitements les pauvres petits livrés à leur bestialité. Mais, au début du christianisme, l'amour des tortures est spontané. La religion de la mort perturbe naturellement le rythme de la vie. La fin du monde est proche ; on s'en désintéresse : on le voudrait abolir avec ses fêtes, ses lumières et ses joies. Tout équilibre est rompu. Le « divin désir » n'a plus d'exutoires que dans le désert.

Le prêtre insinuant et plein de ruses empoisonne le foyer. Un manteau de glace tombe entre les époux. La femme regarde comme autant de souillures la gestation et la maternité. Elle se purifie après avoir donné le jour. L'éducation est un « castoiement ». L'enfant grandit sans allégresse ni beauté. « La maladie — affirme Pascal — est l'état véritable du chrétien. »

Le masochisme

Meure donc la santé, l'orgueil de vivre, l'énergie et la raison, la vigueur des muscles et la force de l'esprit ? Le monde va finir. On exècre la vie ; on s'efforce de la détruire par des moyens ingénieux et compliqués. On fuit dans les ténèbres ; on aime la torpeur dissolvante des larmes. Lasse d'agir et de penser, l'humanité s'enveloppe d'ignorance. Le crépuscule tombe : la nuit chrétienne envahit l'Occident. Les pères de la Thébaïde héritiers des corybantes de l'Asie Mineure, des gymnosophistes égyptiens et des richis indous formulent, pour une longue suite de temps, le rituel des austérités monacales. Poète, citoyen, philosophe, naturaliste, l'homme a parcouru le cycle des activités sociales. Mais il ne s'agit plus, à présent, de civilisation, de culture intellectuelle. Ce qui importe, c'est de manger le moins possible et d'écorcher sa peau. Voilà, désormais, ce qui remplace l'orgueil du citoyen, la connaissance et la beauté. Voilà ce qu'enseignent en 1912 les « abbés » jésuites ou affiliés que Waldeck-Rousseau, imité par Briand, surpassé même, a maintenus si vigoureusement comme éducateurs de la jeunesse.

L'influence barbare du christianisme en brisant le nerf des races de l'Empire, n'abolit point les usages païens capables d'asservir ou d'hébéter les hommes. Il eut soin d'emprunter aux sanctuaires polythéistes leurs macérations abjectes et, nommément, la pratique du fouet.

La chasteté des anachorètes de l'un et de l'autre sexe trouvait dans les épines une délectation inattendue. Hommes et femmes déliraient d'œstromanie et de souffrance. Excités par leurs manœuvres, par la solitude, par la claustration, les moines de toute espèce, tombaient en pâmoison devant le Christ, androgyne comme Bacchus, et, comme lui, époux de toutes les femelles, femelle de tous les époux. Moniales et cucupiètres célébraient, chaque nuit, à grand renfort de martinets, leurs noces spirituelles. Convulsifs et pâmés, ils hurlaient de douleur, ils sanglotaient d'ivresse. Dans la bave du plaisir, Thérèse balbutie ardemment les mots de l'oreiller *uteris in turba* ; elle met aux pieds du divin jeune homme les espérances ineptes du ciel théologal et cette crainte de l'enfer qui rendit Louis XIV le plus exécrable des rois.

Ce n'est pas l'enfer allumé
Ni le paradis qui fleuronne
Par quoi mon sein est animé.
Garde pour d'autres la couronne

Le masochisme

Et la gloire qui t'environne,
Dans un éternel mois de mai.
Que m'importe cette couronne,
Ô Jésus ! ô mon bien-aimé !

C'est vers le baiser de tes lèvres
Que hurle et pantèle ma fièvre,
Dans un abandon sans retour.

Indifférente à toute chose,
Géhenne livide ou ciel rose,
C'est toi seul que je veux, Amour !

No me mueve, mi dios, para quererte
El Cieto que me tienes prometido,
No me mueve et Infurno tan temido
Para dejar por eso de ofenderte.

Tu me mueves, mi Dios ; mueveme et verte
Clavado en la cruz y escarnecido ;
Mueveme ver tu cuerpo tan herido :
Mueveme las augustias de tu muerte.
Mueveme enfin tu amor de tal maneira

Laurent Tailhade

Que, dunque no hubiera cielo yo te amara
Yaunque no hubiera infierno, te tenieria.

No me tienes que dar porque te quiera,
Porque si cuanto espero, no esperara,
Lo mismo que te quiero te quisiera.

Voici quelques-unes des imaginations les plus caractéristiques dont les virtuoses de la bastonnade ont enrichi les catalogues de l'insanité humaine. Cela manque de supplices originaux ; les bienheureux, d'âge en âge, se répètent. Ce sont toujours « les clous dans le cul » du talapoin de Voltaire. Parfois seulement une *sainte* de vigoureux appétit gobelotte son urine ou déjeune d'une purulence, au grand contentement de Montalembert et d'Huysmans le benêt. Il convient d'insister sur un point : c'est que l'auto-flagellation est ici, comme au temps dès baptes ou des luperques, le moyen le plus efficace, le plus direct de provoquer le délire et l'extase. Elle remplace la jusquiame, la belladone des sabbats.

Voici quelques flagellants assez notoires : Antoine vit d'herbes et de coups de fouet dans son désert. Hilarion se charge le col d'une chaîne de fer, qui le tient à quatre pattes ; tous professent une si profonde horreur pour les soins les plus élémentaires de la propreté, que Jérôme, écrivant *Paula et Eustachia*, leur cite, comme un exemple digne de mémoire, Sylvia, belle et vierge, qui, à dix-huit ans, ne s'était jamais lavé que le bout des doigts.

Plus tard, vers l'an 737, un grand homme pour les hagiographes, le moine bénédictin Pardulphe, se met tout nu et se fait battre à coups de verges. Ce Pardulphe, au témoignage du prieur de Cluny, ne sortait point de sa cellule. Jamais il ne goûtait ni chair ni volaille. Il ne mangeait qu'une fois la semaine. Si, pour cause de maladie, il se voyait contraint à faire usage de bains, il se tailladait auparavant la peau des cuisses et des bras.

En 1047-1056, quelques nobles esprits se font connaître par de houleuses fustigations : Pierre Damien, Rodolphe, évêque d'Agubbio, et Dominique Anson, dit l'Encuirassé, tant sa peau tannée par les sanglades était devenue insensible et rugueuse, telle une cuirasse étroitement adaptée. Ce Dominique poussa la manie des étrivières à un point même que ne saurait atteindre la clientèle des grands bars. Tout lui était bon, courroies, manches à balais, pourvu qu'il cognât sur quelque point de son individu et s'entamât le cuir. Sérieux comme un âne qu'on étrille, l'abbé Boileau déduit paisiblement l'historiette du crétin.

Sa pratique ordinaire était de s'armer l'une et l'autre main de verges, de se mettre nu et de se fouailler vigoureusement ; c'était là son exercice le plus commun ; mais, en carême, lorsqu'il entendait renchérir sur l'ordinaire, il endurait une « pénitence de cent années » (un homme doit être sur de l'avoir accomplie lorsqu'il se donne la discipline durant tout le temps qu'il met à chanter vingt fois le psautier) et, chaque jour, il répétait au moins trois fois tout le psautier par cœur, tandis qu'il se fessait à coups de verges. Pierre Damien notifie aux siècles à venir que cet objet de son admiration se pouvait servir également de l'une et de l'autre main et qu'il se donnait ainsi plus de coups que les autres qui n'emploient que leur main droite. Il rapporte, en outre, que l'encuirassé avait changé sa discipline de verges en celle de courroies, qui était beaucoup plus rude et qu'il goûtait un étrange contentement à cet exercice. S'il lui arrivait, dit-il, de sortir, il emportait ce fouet sous sa robe, pour ne pas manquer de houssine, quelque part qu'il fût obligé de passer la nuit. Lors même qu'il se trouvait dans un endroit qui ne lui permettait pas de dépouiller ses vêtements, il se cognait du moins les jambes, les cuisses, la tête et le cou avec une satisfaction peu ordinaire. Ces violentes pratiques n'allaient pas sans pâmoison ni extase. Force apparitions illustrent d'un bout à l'autre la vie des saints. On y traverse un hôpital de gâteux ; on embarque sur la « nef des fols », et tous les bedeaux, jésuites bollandistes, Veullot, Huysmans, Montalembert, tiennent le livre de bord. C'est un rêve d'alcool ou de haschich.

Le pénitent excorié se fondait en délices. Après les coups de corde, François d'Assise éprouvait un tel orgasme que, pour en calmer la lubrique fureur, il pétrissait contre sa chair nue des phantasmes de neige ou se vautrait sur un étang glacé. C'est la crise d'épilepsie atroce et luxurieuse au regard de quoi le spasme vulgaire semble fait pour délecter simplement les courtauds de boutique. La « grande simulatrice », l'hystérie, aux membres du fakir imprime des stigmates, érode son épiderme, en fait jaillir des sérosités : *undaf laxit cum sanguine*. Ainsi, les faux vésicatoires du Dr Bernheim guérissent la pneumonie et boursouflent la peau d'un sujet convenablement préparé. C'est le secret des béates, des « miraculées » dont les entrepreneurs de sanctuaires mettent en plein rapport les troubles fonctionnels.

Mais le *padre Francesco* ne vivait pas, comme a dit Edmond Schérer, d'après les fortes lois de l'économie politique. Ascète compliqué de bateleur, il dramatisait en conscience la grande farce de l'amour divin. Ses fustigations l'inondent, le martyrisent de volupté. Il jouit. Dans un accès de ferveur, il entonne pour son jeune amant, le Christ hermaphrodite, un cantique éperdu. L'univers tout entier lui sert de paranymphe ; voici le dieu qu'il aime et leurs noces qu'il magnifie ! Son épithalame retrouve les accents de l'idylle païenne. Comme aux églogues de Méléagre ou de Théognis, le rut panthéiste de François d'Assise exulte sur les hautbois siciliens :

Laudato sia, Signore mio, con tute la creature ; *specialmente, messer lo frate Sole*, la lune, les vents, le feu *e per suor aqua, la quale e molto utile, e humile, e preciosa, e casta*, la terre et, enfin, *per suor nostra la morte corporale.* C'est le *Cantique du Soleil.*

Parfois le « trouvère de Jésus » succombe à ces étreintes. Ce n'est plus le moine théâtral d'Alonzo Cano — divulgué à la chrétienté par M. Zacharie Astruc — regard noyé, lèvres décloses, emporté dans un tourbillon d'extase vers les bleus paradis, ni le maigre époux de la Dame Pauvreté aux fresques du Giotto ;

c'est un bacchant ivre de langueur, de transports surhumains : les parfums sont trop lourds, trop aigus les baisers. L'homme demande grâce au dieu qui l'a féru :

Amor de charitate
Perche m'hai si ferito ?

César du Bus (1607), plus tard Henri Suso combattaient le « démon de la chair » à l'aide (que spécieuse !) de la flagellation. Plus ils s'acharnaient, plus se manifestait l'aiguillon de luxure. Ces « bienheureux » jouaient pour eux-mêmes, dans leur cellule, quelques-unes des scènes les plus vertement priapiques de Lysistrata.

Idiots imperméables, ils ne s'obstinaient pas moins à leur besogne infra-lombaire. Ne connaissant d'autre métier que le maniement de l'étrille, les aspirants à la canonisation, pendant plusieurs heures, se gourmaient comme des bourriques. C'était leur faction, leur bureau. La discipline devenait une sorte d'onanisme têtu et machinal. Quand le Bien-Aimé retire ses faveurs, quand les courroies, les nœuds plombés, l'urtication et le vinaigre cessent d'agir sur les ganglions de l'évangélique masturbateur, il continue à pelauder son morion comme il époussetterait une bâche, avec l'indifférence d'un droguiste qui joue aux dominos [6].

Les femmes apportèrent quelque drôlerie en ces mornes exercices. Marguerite de Cortone (1250)

---

6 Les Tires se font de grandes escarres pour leurs dames, et à fin que la marque y demeure, ils portent soudain du feu sur la playe et l'y tiennent un temps incroyable, pour arrester le sang et former la cicatrice ; gents qui l'ont veu l'ont escript, et me l'ont juré : mais, pour dix aspres, il s'en trouve tous les jours entre eulx personne qui se donnera une bien profonde taillade dans les bras ou dans les cuisses. Je suis bien ayse que les tesmoings nous sont plus à main où nous en avons plus à faire : car la chrestienté nous en fournit ci suffisance : et après l'exemple de notre saint Guide, il y en a en force qui, par dévotion, ont voulu porter la croix (mimétisme hystérique des stigmatisés). Nous apprenons, par tesnioing tres digne de foy, que le roy sainct Louys porta la haire iusque à ce que, sur sa vieillesse, son confesseur l'en dispensât et que tous les vendredis il se faisait battre les espaules, par son presbtre, de cinq chaisnettes de fer, que pour cet effect on portait emmy ses besognes de nuict... Foulques, comte d'Aniou, alla

s'évertuait de la discipline. De même, Catherine de Sienne que les veilles, les jeunes et autres supplices avaient réduite à l'état de squelette. Mais ces béates goûtaient de suprêmes délices. Jésus les inondait de son amour. C'est le cas de tous les épimanes religieux.

> Dans la vie religieuse, cet état engendre le besoin d'offrir des sacrifices. On offre un holocauste d'abord, parce qu'on croit qu'il sera apprécié matériellement par la divinité, ensuite, pour l'honorer et lui rendre hommage, comme tribut ; enfin parce qu'on croit expier par ce moyen le péché ou la faute qu'on a commise envers la divinité et acquérir la félicité.

> Maria-Magdalena di Pazzi, fille de parents d'une haute position sociale, était

---

jusques en Jérusalem, pour la se faire fouetter à deux de ses valets (soeur Nizetie et les convulsionnaires de Saint-Mèdard) la chorde an col, devant le sepulchre de Nostre Soigneur. (MICHEL DE MONTAIGNE, *Essais*, liv. I, chap. XV. « Que le goust des biens et des maulx despend, en bonne partie, de l'opinion que nous en avons ».)

religieuse de l'ordre des Carmélites, à Florence, en 1580. Les flagellations, et plus encore les conséquences de ce genre de pénitence, lui ont valu une grande célébrité et une place dans l'histoire. Son plus grand bonheur était quand la prieure lui faisait mettre les mains derrière le dos et la faisait fouetter sur les reins mis à nu devant toutes les sœurs du couvent.

Mais les flagellations qu'elle s'était fait donner, dès sa première jeunesse, avaient complètement détraque son système nerveux ; il n'y avait pas une héroïne de la flagellation qui eût autant d'hallucinations qu'elle. Pendant ces hallucinations, elle délirait d'amour. La chaleur intérieure semblait la consumer, et elle s'écriait souvent : « Assez ! n'attise pas davantage cette flamme qui me dévore. Ce n'est pas ce genre de mort que je désire ; il y aurait trop de plaisir et trop de charmes. » Et ainsi de suite. Mais l'esprit de l'impur lui suggérait les images les plus voluptueuses, de sorte qu'elle était souvent sur le point de perdre sa chasteté. (KRAFFT-EBINGG, *loc. cit. passim*).

À vingt-deux ans, elle offrait déjà les symptômes de la plus accablante neurasthénie : organisme ruiné, ses nerfs étaient désormais incapables de la moindre réaction. Plus de transports, ni d'extase. Le stimulant habituel avait perdu toute efficacité : c'est en vain qu'elle s'écharpait encore. Cela ne lui donnait aucune espèce d'agrément. Jadis, couchée sur une peau de truie dont les soies la piquaient avec rudesse, crevant de malefaim, cinglée à tour de bras et portant les nuits une couronne d'épines, elle hennissait de plaisir, elle se tordait voluptueusement : le spasme durait plusieurs heures. Mais à présent Jésus « la dégoûtait ».

Elle rêvait de s'emplir de nourriture, d'insulter son abbesse et de forniquer à dire d'experts. La suggestion., désormais, était inopérante. Ainsi, le mangeur d'opium, le buveur, le morphinomane, quand le poison n'agit plus, même à doses massives, tombent dans le marasme que la mort suit de près.

Sur ses fouettements, Magdalena di Pazzi avait greffé une mignardise renouvelée d'Ezéchiel. On ne pouvait laisser traîner une crotte qu'elle ne s'en régalât aussitôt. Lydwinne de Schiedam, à qui M. Huysmans, chef de bureau acariâtre et stupéfait, a consacré 350 pages du plus pur marollien, régurgitait sa vomissure. Il paraît que le dieu des catholiques prend à ce genre de travail un plaisir si énorme que son humeur se rassérène et qu'il en oublie jusqu'à son ordinaire méchanceté.

> De même, Elisabeth de Genton. La flagellation la mettait dans un état de bacchante en délire. Elle était prise d'une sorte de rage quand, excitée par une flagellation extraordinaire, elle se croyait mariée avec son « idéal ». Cet état lui procurait un bonheur si intense qu'elle s'écriait souvent : « O amour ! O amour infini ! O amour ! O créatures, criez donc toutes avec moi : Amour ! Amour ! » (KRAFFT-EBING, *loc. cit. passim*).

Rose de Lima, qui était fort belle fille, eut un songe qui l'invitait à être l'épouse du Christ. Bien qu'elle fût fiancée, elle renonça au monde, se coupa les cheveux, porta des cilices de pointes qui pénétraient dans la chair au point d'y créer des plaies permanentes. Des flagellations réitérées et des jeûnes extraordinaires la conduisirent à une telle perfection qu'elle avait de fréquentes extases où elle demeurait transfigurée, parlant à Jésus invisible pour les autres, avec les manifestations de l'amour le plus véhément. Thérèse d'Avila, la bacchante au sonnet, écrasait ses mamelles sous une claie d'osier, sans préjudice des autres macérations, comme le lit de fagots, la flagellation, le jeûne, le tout en haine de la fécondité que haïssent d'une même exécration les eunuques et les chrétiens.

Sous ses beaux habits, Elisabeth de Hongrie portait toujours contre sa peau un cilice. Tous les vendredis, en mémoire de la passion douloureuse de Notre-Seigneur, et pendant le carême tous les jours, elle se faisait donner la discipline avec sévérité, afin de rendre à Notre-Seigneur, qui fut flagellé, aucune récompensation. Plus tard, même, ce fut la nuit que, se levant d'auprès de son époux, elle entrait dans une chambre voisine où ses servantes étaient obligées de la frapper

durement, puis... elle revenait auprès de son mari, avec qui elle redoublait de gaieté.
(MONTALEMBERT.)

... son rut ayant été calmé et la fureur de sa vulve amortie par les plombeaux. On pourrait multiplier à l'infini ces répugnantes historiettes. Les hagiographes : Buttlers, Montalembert, Huysmans, Bitschnau, Justin Kerner, les Bollandistes, regorgent de faits analogues. Ce sont des cas de flagellation passive, individuelle, que, parallèlement, suivirent les épidémies collectives.

Or, le christianisme offre comme idéal social à ses adeptes, outre l'exercice des verges, la manducation de l'excrément et l'abstinence des bains. C'est un idéal que MM. de Mun, Barrès et Charles Maurras dispensent à leur élégante clientèle et que proposent à leurs élèves les instituteurs « libres » de la loi Falloux.

Sous le nom de « battus » ou de « flagellants », un troupeau de sombres maniaques, déchaîné par le malheur des temps, s'égailla, du XIe au XIVe siècle à travers l'Europe. Ce fut une contagion d'érotisme sanguinaire dont les modernes, si rangés, si anémiques, si avares et si lâches, ne se représentent qu'avec peine le hideux emportement. C'est la danse macabre et le périple des fous. Cela grogne, brame, copule, chante des psaumes, enlève sa chemise, se fouaille à qui mieux mieux, tombe en extase et pue.

Nulle histoire plus banale. C'est le type de la folie épidémique (danse de Saint-Guy, enthousiasme franco-russe pour les marins d'Avellane en 1893, etc.). Un maître l'a fixé en traits lumineux (cf. Michelet, *La Sorcière*. Histoire de France : « Philippe le Bel ; l'or, le fisc, la peste noire, flagellants ».)

Avec les jésuites et la « direction »., le fouet devient un instrument de règne, de sournoise lubricité. L'immonde Girard (Michelet, *loc. cit.*) accable la pauvre Cadière de poignantes délices et de voluptueux crucifiements.

Peu à peu, la démence des flagellants tombe dans la farce et dans la mascarade. Le carnaval italien s'empare du Golgotha. Des turlupins chantent en faux bourdon le *Parce domine* ; le bonhomme Trivulce, Géronte, Pancrace et Bartholo reçoivent les nasardes que prodiguent à leur soixantaine les beaux fils musqués et doucereux.

La discipline devient une élégance à la cour de Henri III. Le roi de France, mignon en fraise goderonnée, aux lèvres peintes, et baisant à pleine bouche les bretteurs de sa suite, recommence Néron,

Héliogabale ou Caracalla.

L'Estoile affirme que, sous couleur de pénitence, telle cérémonie, où l'on se dénudait sans vergogne, préludait à des scènes d'érotisme effréné, surtout entre gens du même sexe. Les conférences de Victor Charbonnel sur les *Diaconales*, ce « livre immonde », sans doute, mais d'un intérêt clinique supérieur ; les travaux de Michelet, de Quinet, le *Sébastien Roch* de Mirbeau, les pamphlets d'Eugène Sue ont dévoilé à tous le rôle sinistre du confesseur dans l'existence de la femme et l'éducation de l'enfant. Les austérités que ces charlatans imposent à leurs dupes et qui ne sont pas un faible moyen d'extorquer de fortes sommes, la culture de l'hystérie par les fouets alternés avec le *cunnilingus* produisent les mêmes effets qu'au temps d'Apulée. Il n'est point de maladie plus incurable que la sottise des gens pieux.

Notons cependant quelques traits de la Compagnie de Jésus. En Castille, où l'Ordre d'Ignace ne tarda pas à gouverner les rois, ce fut aux jésuites que les croupes de la Grandesse demandèrent la bastonnade. Les pères houspillaient avec beaucoup de distinction. Leur tour de main était inimitable, et personne. comme eux ne s'entendait à fournir pour beaucoup d'or une alliciante dégelée. C'étaient les bons faiseurs de la discipline. Munez et Malagrida octroyaient l'application des verges aux dames de la cour, jusque dans l'antichambre de Maria de Portugal.

Ces nobles détraqués chancelaient de plaisir. Leur délectation était si forte, sous la cravache des RR. PP., qu'elles en redemandaient et hurlaient après les coups de fouets comme des chiennes en amour. (Wolff, *histoire générale des Jésuites*, 1790.)

En Espagne, le plus crasseux des muletiers a son coin de don Quichotte et de sainte Thérèse. Violent et borné, son rêve oscille entre la pénitence de la Roche pauvre, les horions de Sancho et les visions de Thérèse. Mme d'Aulnoy (*Relation du voyage d'Espagne*) s'est complue à fixer, dans l'ironie élégante d'un récit mondain, le geste des *mastoïdes* (Lombroso) que suscitait l'horrible atmosphère de l'Escurial et d'Aranjuez, sous les héritiers de Charles Quint.

Sous Philippe IV, l'étiquette de la cour d'Espagne admettait les extravagances érotiques. Elle avait ses fous d'amour officiels : on les appelait *embevecidos*, c'est-à-dire « enivrés d'amour ». Même lorsqu'ils n'étaient pas grands d'Espagne, ils pouvaient rester couverts devant le roi et la reine : ils étaient censés être éblouis par la vue de leurs maîtresses, incapables de voir autre chose et de savoir où ils se trouvaient. Le roi leur permettait l'irrévérence, comme le sultan souffre l'insulte et l'imprécation des fakirs. Cette idolâtrie voluptueuse empruntait les rites de la religion. De ses pénitences mêmes elle faisait des sacrifices à l'amour. Il était de mode parmi les courtisans de se flageller pendant le carême ; des maîtres de discipline leur enseignaient, comme des prévôts d'armes, l'escrime de la verge et de la lanière. Les jeunes flagellants couraient les rues, le soir des grands jours de la semaine sainte. Leur costume presque asiatique ressemblait à celui des derviches tourneurs. Ils portaient une jupe de batiste évasée en cloche ; un bonnet à pointe, d'où retombait un morceau de toile, masquait leur visage. C'est sous les fenêtres de leurs maîtresses qu'ils venaient faire parade de macérations ; leurs disciplines étaient nouées avec les rubans qu'elles leur avait donnés. La grande élégance consistait à se flageller en gesticulant du poignet, et jamais du bras, de façon a ce que le sang jaillit sans maculer les habits. La dame, prévenue d'avance, tapissait son balcon et l'illuminait aux bougies. À travers la jalousie soulevée, elle encourageait son martyr. Lorsqu'il rencontrait une femme de qualité, le flagellant devait se frapper de manière à lui éclabousser de sang le visage ; cette courtoisie lui valait un gracieux sourire. Quelquefois deux chevaliers de la discipline, escortés de laquais et de pages portant des flambeaux, se rencontraient sous le balcon d'une même femme. L'instrument ascétique devenait alors une arme de duel : les deux champions se battaient à coups de fouets, leurs valets s'assommaient à coups de torches ; la place restait au plus fort ou, au plus vaillant. Un grand repas terminait ces mômeries sanglantes. Le pénitent se met à table avec ses amis. Chacun lui dit à son tour que de mémoire d'homme on n'a pas vu prendre la discipline de si bonne grâce ; ou exagère toutes les actions qu'il a faites, et surtout le bonheur de la dame pour laquelle il a fait cette galanterie. La nuit entière s'écoule en ces sortes de contes, et quelquefois celui qui s'est si bien étrillé en est tellement malade que, le jour de Pâques, il ne peut aller à la messe. (PAUL DE SAINT-VICTOR, *Hommes et Dieu.*)

On s'étonne de retrouver les mêmes formes de l'aliénation mentale chez les modernes. Carré de Montgeron et, plus sérieusement documenté que lui, M. Paul Regnard (*Maladies épidémiques de l'esprit*, Plon, Nourrit et Cie, 1887) ont dépeint les symptômes de la folie convulsionnaire qui, de 1727 à 1760, agita les habitués de Saint-Médard. Un *minus habens*, le diacre Pâris, mort en odeur de sainteté dans la foi janséniste, opérait des guérisons étranges. Les hystériques, sur son tombeau, répudiaient béquilles ou civière. La surdité, la tympanite, le pied bot et l'hémianesthésie, au contact de la pierre miraculeuse, fuyaient comme les démons chassés par l'exorcisme :

Procul recedant somnia

Et noctium phantasmata !

Posées sur les flancs d'une dévote, les guenilles du bienheureux adjuvaient grandement l'évacuation de l'urine où la fonte des humeurs. Le diacre Pâris, comme la Vierge de Lourdes, produisait sur les vespasiennes le plus heureux effet.

Balzac — éminent psychologue mais non moins redoutable idiot, sur les cendres de qui la Restauration a posé un sédiment de niaiserie — Balzac, petit bourgeois comme Villiers ou Barbey, comme eux affolé de blason et dont le crétinisme héraldique s'exaspère chez ces deux gobe-mouches ; Balzac, qui croyait à la noblesse, au catholicisme, à la police, à la monarchie, aux sciences occultes, ne pouvait manquer de tomber en extase devant les cagotes épileptiques, devant les « saintes femmes » qui, pour exalter le niveau moral de leur époque, s'enfoncent dans l'épiderme le poil du cochon ou les clous du tapissier :

Pendant que Véronique venait d'un pas

majestueux, par une démarche d'une admirable élégance, la Sauviat, poussée par le désespoir de survivre à sa fille, laissa échapper le secret de bien des choses qui excitaient la curiosité.

– Marcher, s'écria-t-elle, et porter un affreux cilice de crin qui lui fait de continuelles piqûres sur la peau !

Cette parole glaça le jeune homme, qui n'avait pu demeurer insensible à la grâce exquise des mouvements de Véronique, et qui frémit en pensant à l'horrible et constant empire que l'âme avait dû conquérir sur le corps. La Parisienne la plus renommée pour l'aisance de sa tournure, pour son maintien et sa démarche, eût été vaincue peut-être en ce moment par Véronique.

– Elle le porte depuis treize ans, elle l'a mis après avoir achevé la nourriture du petit, dit la vieille en montrant le jeune Graslin. Elle a fait des miracles ici ; personne ne l'a vue mangeant ; savez-vous pourquoi ? Aline lui porte, trois fois par jour, un morceau de pain sec sur une grande terrine de cendres et des légumes cuits à l'eau, sans sel, dans un plat rouge semblable à ceux qui servent à donner la pâtée aux chiens ! Oui, voilà comment se nourrit celle qui a donné la vie à ce canton... Elle fait ses prières à genoux sur le bord de son cilice. Sans ces austérités, elle ne saurait avoir, dit-elle, l'air riant que vous lui voyez. Je vous dis cela, reprit la vieille à voix basse, pour que vous le répétiez au médecin que M. Roubaud est allé quérir à Paris. En empêchant ma fille de continuer ses pénitences, peut-être la sauverait-on encore, quoique la main de la mort soit déjà sur sa tâte. Voyez ! Ah ! il faut que je sois bien forte pour avoir résisté depuis quinze ans à toutes ces choses ! (H. DE BALZAC, *Le Curé de Village*.)

Cette abjection que vante l'auteur de la *Comédie*

humaine sévit encore dans les pensionnats où, sous la direction des nièces de curés, des bâtardes ecclésiastiques, les directeurs s'efforcent de capter l'héritage opulent des filles de province. Le jour brille, le train passe ; courbé dans son laboratoire, le savant rétablit la genèse du monde et balaye aux cloaques les détritus de la foi caduque. Mais les jésuites, solides au poste, n'abandonnent point leur industrie et l'argent continue à n'avoir pas d'odeur.

Le mot de ce provincial des jésuites, à un encyclopédiste qui lui demandait pourquoi la Compagnie admet un si grand nombre d'imbéciles : « Monsieur, il nous faut des saints ! » n'est autre chose qu'une boutade. Plusieurs, parmi les « saints », furent des hommes d'un grand esprit, d'une culture distinguée. Ponchâteau, qui s'exerçait à prendre l'allure d'un garçon jardinier (Sainte-Beuve, *Port-Royal*) et gardait, plusieurs mois durant, la même chemise ; Carré de Mongeron, qui a écrit une histoire du diacre Pâris et des « guérisons » de Saint-Médard ; Fontaine, qui roulait comme un toton, pareils au maniaque Boulard (Edgar Poe, *Le docteur Goudron et le professeur Plume*) ; le chevalier Folard, traducteur de Polybe, n'étaient pas les premiers venus, des idiots comme Benoît Labre ou Bernadette Soubirous. Ils appartenaient à la robe, à la noblesse, aux armées du roi. Ils avaient fréquenté des gens que l'on pouvait nommer. Le comte de Charmel, qui se plantait dans les reins toutes les variétés de clous et scandalisait un peu Saint-Simon, quitta Versailles et le roi pour vaquer sans contrainte à ses morfondantes austérités.

Pascal fournit le type sublime de la neurasthénie et de la démence érotico-mystique chez un dégénéré supérieur (cf. *La vie de Biaise Pascal*, par Jacqueline Perrier, sa soeur.) Absurde comme la plupart des esprits adonnés à la mathématique, il tomba, vers la fin de sa carrière, dans les abjections de la pénitence, dans les hontes d'une Catherine de Sienne ou d'un Joseph de Cupertino. Binet-Sanglé (*loc. cit.*) enregistre avec une parfaite clarté des lois de la suggestion religieuse dans quelques familles parisiennes au XVIIe siècle : les Arnaud, les Perrier, les Pascal, le Duvergier de Hauranne. Ces bourgeois opulents, hautains, parcimonieux et raisonnables, se laissent gagner au jansénisme, achoppent dans l'insanité pure, le masochisme de Port-Royal : ce sont des fous lucides qui ne déraisonnent que sur un point, comme les héros de Cervantès [7], mais ne sont pas moins délirants

---

7   Don Quichotte, le licencié Videria, le fanatique de

que les pensionnaires de Ville-Evrard ou de Charenton.

Quelques-uns cependant résistent à l'hiérogénie. Leur lutte obstinée et leurs efforts méritoires les placent dans le petit nombre de hautes intelligences d'esprits cultivés que les penseurs de l'Action française nomment « des primaires ». Et ce n'est pas un mince honneur.

*

* *

Le monde laïque n'est pas moins riche en exécrations de ce genre que le monde clérical. Sans nommer les sanglantes priapées du marquis de Sade, de Mairobert, œuvres amorphes dont l'homicide, la flagellation, la sodomie et le viol forment la trame ordinaire et qui n'ont de valeur que par leur accent frénétique, par un absolu dans la débauche qui, parfois, atteint à la beauté, voici d'abord le *Jardin des Supplices*. Rien n'égale en horreur magnifique les peintures d'Octave Mirbeau. Les nerfs se crispent, les yeux se voilent, une angoisse monte de ces pages, dans la buée enivrante comme l'opium, des fleurs luxurieuses et du sang épandu.

Séville.

Le masochisme

C'est un cauchemar de parfums, de tortures.
L'esprit s'en délecte avec des soubresauts d'épouvante,
le poil se hérisse, le cœur cesse de battre, le froid de la
mort passe dans les veines du lecteur. Que sont *Juliette*
ou *Justine* devant cette redoutable poésie ? Qu'importe
la grimace du faune, quand Méduse échevelée ses
serpents ? Les plus noires fictions du Marquis
apparaissent comme des fariboles ordurières, des
propos de table d'hôte bons pour divertir les commis
voyageurs ou les socialistes convertis. Mirbeau écrivit
la Bible du Sadisme. Le. verbe du fastueux caricaturiste
sut promouvoir cette modalité gorgonienne de la
paranoïa sexualis à la vie immanente du grand art.

Dostoïewski prodigue les aventures où
s'amalgament la débauche et la cruauté.. En Russie, on
rencontre aisément des *Humiliés et Offensés*. Les
riches sont brutaux, les fonctionnaires impitoyables. À
quoi bon détenir une parcelle de pouvoir sans
contrôle, si de temps à autre on ne crucifie un peu de
chair douloureuse ? Le knout, les baguettes, les
instruments de torture, font là-bas, comme en France,
partie intégrante de la discipline militaire. Joueur,
ivrogne, sodomite, plus indécis que les nuages et plus
faux que l'eau dormante, puéril, effréné, le Russe,
néanmoins, porte au fond de lui-même un respect ;

inatténué de la hiérarchie. Il dénude son rachis pour entrer dans « la rue verte », d'après les ordonnances ou même le bon plaisir de ses « majors ».

En Sibérie, où fut déporté, vers 1848, l'auteur des *Frères Karamazow*, de *Crime et Châtiment* et de tant d'autres merveilles, le directeur de la « Maison des Morts » était une sorte de brute malfaisante, imbriaque et despotique. Il n'inspirait aux forçats que du mépris. Mais un gradé subalterne, manifestement sadique, les accablait d'effroi.

> Je fis la connaissance du lieutenant Jérébiatnikof, lors de mon premier séjour à l'hôpital — par les récits des détenus bien entendu. Je le vis plus tard, une fois qu'il commandait la garde à la maison de force. Âgé de trente ans, il était de taille élevée, très gras et très fort, avec des joues rougeaudes et pendantes de graisse, des dents blanches et le rire formidable de Nosdrief. À le voir, on devinait que c'était l'homme du monde le moins apte à la réflexion. Il adorait fouetter et donner les verges quand il était désigné comme

exécuteur. Je me hâte de dire que les autres officiers tenaient Jérébiatnikof pour un monstre, et que les forçats avaient de lui la même opinion. Il y avait dans le bon vieux temps, qui n'est pas si éloigné, dont « le souvenir est vivant, mais auquel on croit difficilement », des exécuteurs qui aimaient leur office. Mais, d'ordinaire, on faisait donner les verges sans entraînement, tout bonnement.

Ce lieutenant était une exception, un gourmet raffiné, connaisseur en matière d'exécutions. Il était passionné pour son art, il l'aimait pour lui-même. Comme un patricien blasé de la Rome impériale, il demandait à cet art des raffinements, des jouissances contre nature, afin de chatouiller et d'émouvoir quelque peu son âme envahie et noyée dans la graisse. — On conduit un détenu subir sa peine ; c'est Jérébiatnikof qui est l'officier exécuteur ; la vue seule de la longue ligne de soldats armés de grosses verges l'inspire : il parcourt le front, d'un air satisfait et engage chacun à accomplir son devoir en toute conscience, sans quoi... Les soldats savaient d'avance ce que signifiait ce sans quoi... Le criminel est amené ; s'il ne connaît pas encore Jérébiatnikof et s'il n'est pas au courant du mystère, le lieutenant lui joue le tour suivant (ce n'est qu'une des inventions de Jérébiatnikof, très ingénieux pour ce genre de trouvailles). Tout détenu dont on dénude le torse et que les sous-officiers attachent à la crosse du fusil, pour lui faire parcourir ensuite la rue verte tout entière, prie d'une voie plaintive et larmoyante l'officier exécuteur de faire frapper moins fort et de ne pas doubler la punition par une sévérité superflue.

– Votre Noblesse, crie le malheureux, ayez pitié, soyez paternel, faites que je prie Dieu toute ma vie, pour vous, ne me perdez. pas, compatissez...

Le masochisme

Jérébiatnikof attendait cela ; il suspendait alors l'exécution et entamait la conversation suivante avec le détenu, d'un ton sentimental et pénétré :
– Mais, mon cher, disait-il, que dois-je faire ? Ce n'est pas moi qui te punis, c'est, la loi !

– Votre Noblesse ! vous pouvez faire ce que vous voulez ; ayez pitié de moi !...

– Crois-tu que je n'aie vraiment pas pitié de toi ? Penses-tu que ce soit un plaisir pour moi de te voir fouetter ? Je suis un homme, pourtant. Voyons, suis-je un homme, oui ou non ?

– C'est certain, Votre Noblesse ! On le sait bien que les officiers sont nos pères, et nous leurs enfants. Soyez pour moi un véritable père ! criait le détenu qui entrevoyait une possibilité d'échapper au châtiment.

– Ainsi, mon ami, juge toi-même : tu as

une cervelle pour réfléchir ; je sais bien que, par humanité, je dois te montrer de la condescendance et de la miséricorde, à toi, pécheur.

– Votre Noblesse ne dit que la pure vérité.

– Oui, je dois être miséricordieux pour toi, si coupable que tu sois. Mais ce n'est pas moi qui te punis, c'est la loi ! Pense un peu : je sers Dieu et ma patrie, et par conséquent je commets un grave péché si j'atténue la punition fixée par la loi, penses-y !

– Votre Noblesse !...

– Allons, que faire ? passe pour cette fois ! Je sais que je vais faire une faute, mais il en sera comme tu le désires... Je te fais grâce, je te punirai légèrement. Mais si j'allais te rendre un mauvais service par cela même ? Je te ferai grâce, je te punirai légèrement, et tu penseras qu'une autre fois je serai aussi miséricordieux, et tu feras de nouveau des bêtises, hein ? ma conscience pourtant...

Le masochisme

– Votre Noblesse ! Dieu m'en préserve... Devant le trône du créateur céleste, je vous...

– Bon ! bon ! Et tu me jures que tu te conduiras bien ?

– Que le Seigneur me fasse mourir sur l'heure et que dans l'autre monde...

– Ne jure pas ainsi, c'est un péché. Je te croirai si tu me donnes ta parole.
– Votre Noblesse !

– Eh bien ! écoute ! je te fais grâce à cause de tes larmes d'orphelin ; tu es orphelin, n'est-ce pas ?

– Orphelin de père et de mère, Votre Noblesse, je suis seul au monde...

– Eh bien, à cause de tes larmes d'orphelin, j'ai pitié de toi ; mais fais attention, c'est la dernière fois... Conduisez-le, ajoutait-il d'une voix si attendrie que le détenu ne savait comment remercier Dieu de lui avoir envoyée un si bon officier instructeur.

La terrible procession se mettait en route ;
le tambour battait un roulement, les
premiers soldats brandissaient leurs
verges...

– Rossez-le ! hurlait alors Jérébiatnikof à
gorge déployée ; brêlez-le ! tapez ! tapez
dessus ! Écorchez-le ! Enlevez-lui la peau !
Encore, encore, tapez plus fort sur cet
orphelin, donnez-lui-en, à ce coquin ! plus
fort ! abîmez-le, abîmez-le !

Les soldats assènent des coups de toutes
leurs forces, à tour de bras, sur le dos du
malheureux, dont les yeux lancent des
étincelles, et qui hurle, tandis que
Jérébiatnikof court derrière lui, devant la
ligne, en se tenant les côtes de rire ; il
pouffe, il se pâme et ne peut se tenir droit,
si bien qu'il fait pitié, ce cher homme.
C'est qu'il est heureux ; il trouve ça
burlesque ; de temps à autre on entend son
rire formidable, franc et bien timbré ; il

répète :

– Tapez !   rossez-le !   écorchez-moi   ce brigand ! abîmez-moi cet orphelin !...

Il avait encore composé des variations sur ce motif. On amène un détenu pour lui faire subir sa punition ; celui-ci se met à supplier le lieutenant d'avoir pitié de lui. Cette fois Jérébiatnikof ne fait pas le bon apôtre, et, sans simagrées, il dit franchement au condamné :

– Vois-tu, mon cher, je vais te punir comme il faut, car tu le mérites. Mais je puis te faire une grâce : je ne te ferai pas attacher à la crosse du fusil. Tu iras tout seul à la nouvelle mode : tu n'as qu'à courir de toutes tes forces devant le front ! Bien entendu, chaque verge te frappera, mais tu en auras plus vite fini, n'est-ce pas ? Voyons, qu'en penses-tu ? Veux-tu essayer ?

Le détenu, qui l'a écouté plein de

confiance et d'incertitude, se dit : « Qui sait ? Peut-être bien que cette manière-là est plus avantageuse que l'autre ; si je cours de toutes mes forces, ça durera cinq fois moins, et puis, les verges ne m'atteindront peut être pas toutes. »

– Bien, Votre Noblesse, je consens.

– Et moi aussi, je consens.

– Allons ! ne bayez pas aux corneilles, vous autres ! crie le lieutenant aux soldats.

Il sait d'avance que pas une verge n'épargnera le dos de l'infortuné ; le soldat qui manquerait son coup serait sûr de son affaire. Le forçat essaye de courir dans la rue verte, mais il ne passe pas quinze rangs, car les verges pleuvent comme grêle, comme l'éclair, sur sa pauvre échine ; le malheureux tombe en poussant un cri, on le croirait cloué sur place ou abattu par une balle.

– Eh ! non, Votre Noblesse, j'aime mieux

qu'on me fouette d'après le règlement, dit-il alors en se soulevant péniblement, pâle et effrayé, tandis que Jérébiatnikof, qui savait d'avance l'issue de cette farce, se tient les côtes et éclate de rire. Mais je ne puis rapporter tous les divertissements qu'il avait inventés et tout ce qu'on racontait de lui. (TH. DOSTOIEWSKI, *Souvenirs de la maison des morts*. IIe partie, chap. II, « L'hôpital ».)

*

* *

Si l'empire du tzar est « moitié gelé, moitié pourri », la Chine, moins gelée, égale en pourriture sa voisine d'Europe. Le biographe de Tseu-Hsi, M. George Soulié, dans une langue plastique, charmeuse et savoureuse, montre au recteur occidental, avec sa luxure et sa cruauté, la vieille, la dernière impératrice de la Chine fomentant par le meurtre son désir qui se meurt et, pareille à une Catherine II atteinte de vampirisme, mêlant au rite d'un sénile amour ce bain de sang qui, dans le taurobole, réchauffait aussi les fidèles de Mithra.

Tseu-Hsi est toute frémissante de l'attente du plaisir qu'on lui a promis, elle se laisse déshabiller par l'inconnu qui jette lui-même ses vêtements. La faible lumière éclaire les deux visages l'un près de l'autre.

Tseu-Hsi, la tête à demi renversée, guette, sous ses paupières mi-closes, guette ardemment le coin du rideau où Li-Lieu-ying se tient dissimulé, au fond de l'alcôve, proche cependant à les toucher presque.

Les deux corps sont enlacés, le jeune homme a la figure cachée dans le creux de l'épaule de Tseu-Hsi, dont la peau, d'une pâleur égale, contraste avec la teinte anibilée de l'homme qui l'enserre. Elle guette toujours et se mord les lèvres pour ne pas crier d'impatience nerveuse. La natte lourde de son amant ondule comme un serpent et lui caresse la joue ; cet attouchement léger lui cause une souffrance intolérable et délicieuse : elle ne peut faire un geste pour s'y soustraire.

Li-Lieu-ying ne décèle sa présence que par l'imperceptible flottement du rideau qui le cache ; il regarde pourtant, suivant aux mouvements de l'impératrice et de l'inconnu la montée brillante de la joie, et attendant, attendant encore.

La tête de Tseu-Hsi se renverse enfin dans une crispation qui la tend comme un arc ; ses lèvres s'entr'ouvrent sur ses dents pures ; ses yeux se lèvent, deux larmes s'en échappent et roulent sur ses tempes.

Li-Lieu-ying s'est penché brusquement ; à son poing brille l'éclair d'un acier : le poignard est déjà enfoui jusqu'à la garde dans le dos du malheureux amant foudroyé, chez lequel les premiers spasmes de la mort se mêlent aux derniers spasmes du plaisir.

Tseu-Hsi, tordue de jouissance, enlace

toujours le cadavre dont le sang chaud l'inonde ; des ondes de volupté la secouent et la brisent. Il lui semble que c'est son propre sang qui coule, que c'est elle-même qui meurt ; l'horreur du trépas se mêle en elle à la merveilleuse certitude de vivre, mais de vivre une existence irréelle où la joie viendrait par larges effluves étourdissants qui feraient vibrer, jusqu'à la douleur, tous les sens. Tseu-Hsi resta longtemps brisée par l'intensité de cette émotion ; mais tous les plaisirs lui semblaient fade désormais : il lui fallut recommencer. Dans Pékin, on avait vite remarqué la voiture noire, ornée de glands jaunes, dans laquelle Li-Lieu-ying venait lui-même emporter ceux qu'il avait choisis, gens de basse classe, dont la famille et les amis étaient sans appui et dont le meurtre, jugé par un tribunal, aurait entraîné une amende seulement de quelques francs. Tous les jeunes hommes fuyaient devant la voiture, mais le peuple admirait l'Impératrice et se racontait tout bas ses dernières inventions lascives. (G. LIÉ-SOU (Georges Soulié), *Tseu-Hsi, impératrice des Boxers.*)

Il serait aisé de multiplier les citations. Mais Chamfort n'aimait point les auteurs « qui mettent leur bibliothèque dans leurs livres au lieu de mettre leurs livres dans leur bibliothèque ». Une telle et persuasive opinion ne saurait être négligée.

Les œuvres : drames, romans, nouvelles et poèmes ne sont pas moins riches en études masochistes. Le sadisme, peu fréquemment, se montre dans son nu. Comme la bête homicide qui, dans *Le Grand Dieu Pan*, d'Arthur Machen (*La Plume*, 1 vol., traduit de l'anglais par P.-J. Toulet), ne se manifeste que par les victimes étouffées, il imprime çà et là des marques sanglantes, mais ne paraît point à visage découvert. Le masochisme, au contraire, se pavane. Il érige en œuvre d'art les pratiques du bourreau. Il goûte les géhennes, il se délecte des affronts. C'est dans le ravalement le plus abject qu'il épanouit sa concupiscence ; il alterne avec les fouets et les tenailles ce que Rabelais nomme la « savate de humilité ». Néanmoins, l'instinct de la conservation met un frein à ces délires : on n'a jamais vu de suicides masochistes. Les meurtres d'origine sadique (Philippe, Vacher, Menesclou) sont, en revanche, assez fréquents.

Les masochistes couronnés sont presque aussi nombreux que les tyrans imbéciles ou féroces. Nous avons indiqué le surnom attribué par Goloviné au tzar Nicolas Ier pour ses appétits de flagellation. On assure que le prince de Bismarck a laissé un journal intime dans quoi il se vante à plusieurs reprises de cette manie. On narre qu'il adressa la demande au kaiser Guillaume Ier de lui céder quelques robustes grenadiers qui le fouetteraient de temps à autre, par hygiène. Il préférait des étrangers pour un tel service, ne voulant pas compromettre sa dignité auprès de ses domestiques et vassaux.

Les *passe-temps de collégien* du grand Frédéric (cf. Voltaire) sont revus et augmentés par le Chancelier de fer. Le pharisaïsme luthérien de l'empire allemand a produit un chef-d'œuvre, c'est la loi contre la sodomie édictant une pénalité saugrenue et vraiment inexpressible, dont vous trouverez le détail dans Krafft-Ebing.

Commérage sans doute, mais à coup sûr empreint de quelque vérité, la légende concernant le tzar Nicolas

Ier n'est pas moins caractéristique. Il semble avoir eu le goût passif de l'*algolagnie*, contrairement à son prédécesseur au trône de Russie, Ivan IV le Terrible (1533-1584). Celui-ci fit écorcher Constantin Brancovan, le héros de la nation roumaine, et poser devant le corps de la victime agonisante sa peau fraîchement empaillée.

Ivan s'amusait encore à transpercer les pieds des malheureux admis à son audience avec la pointe d'un lourd sceptre d'ivoire ; un clin d'œil, un geste de surprise, et l'infortuné, sans autre cérémonie, était sur-le-champ dévolu au bourreau. L'ingénieuse cruauté du prince garantissait à la victime « une mort lente » digne de Tibère, d'un inquisiteur ou d'un tortionnaire chinois.

Les mœurs n'ont pas changé. En Russie, les journalistes de Kiew sont traités, de nos jours, comme les boyards d'Ivan le Terrible.

Ascheri, Noguès, Gana ont enduré, à Mont-juich (1896), sous la direction du juge Enrique Marzo et du guichetier Portas, des tourments obscènes et farouches qui font le plus grand honneur à la Compagnie de Jésus.

Le troubadour *en* Peire Vidal résume, dans ses

chansons et dans sa vie, une époque tout entière de masochisme, celle des romans de chevalerie, enterrés, quatre siècles plus tard, dans l'auberge de Maria Tornès, dans la caverne de Montesinos et dans le jardin ironique où don Quichotte monte sur Clavilêgne, à la poursuite du géant Malambruno.

Fils d'un pelletier de Toulouse, *en* Peire connut des aventures dignes des Florizel, des Roland ou des Amadis. Il rêva la conquête de Byzance, leva des troupes, et, promenant sa folle d'un bout à l'autre de l'Europe orientale, composa de nobles sirventes et des tensons miraculeux. Au demeurant, un cerveau brouillé, qui pour dignement porter le deuil du comte Raymond V, son protecteur, fit couper à ses chevaux la queue et les oreilles, tandis qu'il laissa croître, à lui-même et à ses gens, les ongles et la barbe jusqu'au temps qu'ils ressemblèrent à des chiens. Épris de la comtesse Loba (louve) de Penautier, il prit en son honneur une louve pour blason, et, cousu lui-même dans la peau d'Atta-Troll, se fit courre par les bergers et les chiens de la dame à travers les montagnes de Carcassonne.

Dilacéré, meurtri, mais gorgé d'âpres délices, il connut, au château de Penautier, l'hospitalité féodale.

Le masochisme

Ce fut Loba qui lui donna des soins et poussa jusqu'aux dernières faveurs les marques de sa gratitude. *En* Peire tira un juste orgueil de son équipée. Il s'en glorifie en heptasyllabes vaniteux :

> E si tôt lop m'appelatz
> No m'o tenh à dezonor.
> Ni sim cridon li pastor,
> Ni sim sui per lop cussatz ;
> Et am mais bos et boisso
> No fanc palaitz ni maizo
> Et ab joli li er mas treus,
> Entre gel, et vent, et neus !

Maffre Ermengau, dans son *Breviari d'amor*, parle avec enthousiasme de cette chasse néronienne. Il est à supposer que les modernes, gens respectables et de mœurs tout unies, ne prendraient qu'un plaisir assez restreint aux escapades chevaleresques de dom Pierre. L'*algolagnie* a cependant trouvé chez eux des poètes sans nombre et des historiens.

À l'étranger, Tourgueneff *Eau de framboises*), Ernest de Wildenbruck (*Brunehault*), Wanda de Dunajeïr (*Vraie hermine*), Faniska Bagdanow (*Grégoire*), Vabot, Zoltan Calogh, Charles Szatmary (*La Tigresse de*

Czejthe), le pasteur Meinhold (*La Sorcière du couvent*), ont célébré les amazones que délecta le sang des mâles : Ersze Bathory, Sidonia de Borke — et les mâles en rut, les mâles bramant après ces farouches voluptés.

Sacher Masoch leur a prêté son nom. Nul n'est allé plus loin que ce juif autrichien dans l'étude et l'observation de la névrose *algolagnique*.

Jean-Jacques Rousseau (*Confessions*), Chauderlos de Laclos (*Liaisons dangereuses*), Émile Zola (*Nana*, épisodes : la Faloise, comte Muffat), Edmond de Jules de Goncourt (*Madame Gervaisais*), Octave Mirbeau (*Le Calvaire*, *Le Jardin des Supplices*) ont décrit, à leur tour, ces aberrations du *libido sexualis*. Les pages des maîtres contemporains sont trop connues pour en donner ici des fragments. Quant à ce pauvre Laclos, une broussaille d'ennui le garde invinciblement des curieux, comme le « feu de fiançailles » autour de la Walkure. MM. Poinsot et Normandy (*L'Échelle*, I vol., Fasquelle, édit. Paris) ont marqué, heureusement, les étapes, la cristallisation du sadisme dans un jeune esprit. Joachim de Marsenne arrache, vers cinq ans, les yeux d'un pinson et le dépèce vivant, à coups de ciseaux ; plus tard,

Dans la grâce et la fleur de la belle jeunesse,

à force de mauvais traitements, de privations et d'outrages, il précipite dans la mort volontaire une fille grosse de ses œuvres et que le misérable n'a pas cessé d'aimer.

Dans *Pêcheurs d'Hommes* (1 vol., Fasquelle, édit. Paris, 1899), M. Albert Juhellé suscite la vision effrayante d'une agonie masochiste. Son livre fort, dru et consciencieux, montre sans déclamations les horreurs de la pédagogie congréganiste. Nous apprenons de lui comment finissent les « parents chrétiens ».

> Le fiacre s'arrêtait. Orneval sauta sur le trottoir, tendant une pièce de deux francs au cocher ; mais, devant la porte cochère où Diane sonnait, ayant remarqué qu'il avait oublié sa canne chez elle avant le dîner, il saisit ce prétexte pour l'accompagner jusqu'à son étage. Il pénétra jusqu'à sa chambre où, craignant l'arrivée de l'amant en pied, elle le pressa de partir. Comme il résistait, elle trépigna de rage, s'arma d'une paire de pincettes. Pour éviter un combat qui eût dérangé le bel ordre de

sa toilette, il s'esquiva, refermant la porte sur lui, se trouva dans un corridor obscur, où il tâtonna, cherchant une issue vers le vestibule. Et tout à coup, dans sa demi-ivresse, une idée jaillit. S'il se cachait quelque part pour apercevoir le « vieux ! » Comme sa main rencontrait un bouton de porte, il le tourna, au hasard, et fut dans une pièce étroite et sombre, sans fenêtre.

À ce moment, la sonnette de l'antichambre retentit. Il perçut le galop de Diane, un claquement de pêne, un murmure confus de voix, où dominait le timbre aigu de la fille. Sous la porte par laquelle il venait de s'introduire, un rai de lumière coupa l'obscurité. Un pas d'homme sonna dans le corridor ; puis le bruit sec d'un verrou l'avertit que le visiteur s'enfermait dans la chambre de sa maîtresse. Tout retomba dans le silence.

Alors il s'inquiéta de sa position. Allait-il rester dans cette obscurité jusqu'à ce que le

« vieux » fût parti ? Fallait-il gagner le vestibule à pas de loup, et s'enfuir ? Fouettée par l'ébriété, sa curiosité de la débauche sénile le ressaisit.

Désireux de s'enquérir de la destination exacte de la pièce où il était tombé, il se livrait à une perquisition des différents objets à tâtons, lorsque sa main, en longeant la muraille, rencontra un rideau d'andrinople qui masquait des jupes. Il devina la garde-robe de Diane, se souvint qu'elle communiquait avec la chambre à coucher.

Avec précaution, il s'était glissé entre les hardes pendues aux portemanteaux. Des relents de dessous féminins le grisèrent, asphyxiants. Ses doigts polluaient les étoffes, reconnaissaient des toilettes qu'il avait vues sur sa maîtresse, lui communiquaient l'illusion d'une présence de femme. Ses mains étendues et qui fouillaient touchèrent une porte, où son oreille appuyée perçut un halètement bruyant que coupaient des craquements violents de sommier. Mais, dans un mouvement, sa manche s'étant accrochée à la clef qui remua dans la serrure, il s'arrêta, craignant d'avoir été entendu, écouta, en retenant sa respiration.

Dans la chambre, le halètement persistait, mêlé maintenant de rugissements étouffés. Le trou lumineux de la serrure l'invitant à un regard, il abaissa son œil au niveau du point de clarté.

Sur le lit, il perçut d'abord un grouillement informe de chairs nues. Puis il distingua deux corps entrelacés. Bientôt une chevelure ruissela. Le buste de Diane s'érigeait, de face, chevauchant un ventre jaune et ballonné au sexe irrité. Sa main crispée brandissait un canif qui s'abaissa, soudain, contre la chair tuméfiée au-dessous d'elle, piqua, s'acharna en petits coups savants. Sous la caresse aiguë du fer, l'abdomen mouvait, tressautait, secoué de spasmes, comme de décharges électriques. Couturé de cicatrices, zébré de petits filets de sang jaillis sous la lame, bouffi d'une graisse jaune contrastant avec la blancheur des cuisses qui l'enserraient, il semblait l'autel vivant d'un Moloch s'offrant en pâture à sa propre cruauté par la main d'une prêtresse.

Stupide, Rémond, accoudé contre la porte, contemplait, ses jambes agitées d'un tremblement, le *masochisme* sanglant de ce demi-corps anonyme dont le buste, émettant un râle équivoque, râle imprécis de douleur ou de joie, lui était caché par le torse de Diane.

À un moment, le ventre eut un soubresaut si violent que la fille perdit l'équilibre, tomba en arrière contre le bois de rit. Rémond s'était redressé, apeuré. Dans son mouvement, il heurta de la tête un portemanteau qui, se décrochant, tomba avec la jupe qu'il soutenait. Au travers de la porte, il entendit une voix masculine et étouffée qui s'inquiétait.

– Qui est là ?

Le timbre de cette voix le fit frémir par sa ressemblance avec la voix paternelle. Mais il chassa l'absurde idée que ce son suscitait. Les paroles de Diane qui calmaient l'alerte du vieillard firent diversion.

– Mais non, mon chéri, disait-elle ; il n'y a personne. Nous sommes seuls dans l'appartement. J'ai même renvoyé ma bonne, sachant que tu devais venir. N'aie pas peur !

Mais comme la voix insistait, basse, impérieuse, Diane s'écria, d'un ton d'humeur :
– Derrière cette porte tu as entendu du bruit ? cela n'est pas possible, c'est ma garde-robe... Du reste, tu peux voir toi-même.

Le masochisme

Des pas rapides se rapprochaient. Rémond eut juste le temps de se dissimuler derrière un manteau d'hiver recouvert d'une housse pendant jusqu'à terre. La porte s'ouvrait.

- Tu vois qu'il n'y a personne, dit. Diane. Ah ! je comprends, c'est ce portemanteau que tu as dû entendre tomber.

Elle releva la jupe tombée, l'agita vers la chambre :

- Voilà le fantôme qui faisait peur à monsieur !

Ayant raccroché le portemanteau, elle refermait la porte. Les voix se turent. À nouveau, le sommier gémit, le râle équivoque se traîna. Rémond s'était glissé à son poste d'observation antérieur. L'atmosphère étouffante du réduit, la chaleur de la digestion, l'émoi du spectacle aphrodisiaque lui faisaient battre les tempes. Son œil clignotait sous la vrille de lumière qui traversait le trou de la serrure.

Et, tout à coup, les reins ployaient de la fille saisie aux cheveux par la main de l'homme ; les deux corps roulaient dans le tumulte des draps. Contre les flancs féminins, une tête chauve rampa avec un bramement de rut. Elle se dressa, offrit en pleine lumière la face cramoisie aux moustaches tuyautées du comte d'Orneval.

Le collégien demeurait sans souffle, le front appuyée à la porte, la pupille dilatée par l'épouvante. Il se croyait le jouet d'une hallucination.

Les images se brouillaient devant son oeil rivé à la serrure. Dans le bourdonnement fou qui remplissait ses oreilles, il eut l'illusion que le plancher vacillait sous ses pieds. Ainsi le « vieux » dont parlait Diane, l'amant mystérieux que sa curiosité poursuivait, le sectateur de Masoch — ce rival du marquis de Sade, qui, au rebours de celui-ci, avive sa jouissance par le spectacle de sa propre douleur —

l'érotomane monstrueux qui se faisait déchiqueter le ventre par une fille, c'était l'homme aux apparences pieuses et austères, l'ami du P. Vital, l'ancien élève des Jésuites, le chrétien rigoriste, le clérical intransigeant, son père...

Il doutait encore, se forçait à un coup d'œil nouveau vers le lit, concentrant toutes ses énergies visuelles vers le crâne dénudé qui remuait, au ras des couvertures, lorsque soudain le visage paternel redressé s'affirma à nouveau, en pleine lumière, effroyablement rouge, avec des yeux injectés de sang.

Cependant, sous une nouvelle piqûre du canif que Diane venait d'insinuer dans un bourrelet de graisse abdominal, les moustaches tuyautées se tordirent dans une grimace de douleur voluptueuse. Avec un rugissement, le torse de vieil ivoire s'était redressé. Les mains folles du satyre palpèrent, saisirent, enfermèrent les globes pâles des seins qui se penchaient et où ses ongles s'agriffèrent. Diane poussa un cri, se débattit contre cette étreinte féroce. Et, tout à coup, Rémond perçut un râle effrayant. Les doigts crispés se détendirent subitement, lâchant prise ; les bras étendus ramèrent dans le vide. Perdant l'équilibre en arrière, le buste viril se renversa, entraînant le corps, la tête la première, sur la descente de lit.

Diane, nue, avait sauté hors de la couche, un peu inquiète, pas trop cependant à cause de l'habitude de voir des hommes tomber d'ivresse.

Elle s'était accroupie près du corps :
– Voyons, mon chéri... Tu es tombé ?... Tu t'es fait mal ?... Il ne faut pas rester là, tu vas avoir froid.

Elle essayait de le soulever par les épaules ; mais la peau moite glissait sous ses doigts ; elle lâcha prise ; la tête retomba lourdement sur le tapis, comme détachée du tronc. Alors, devant la fixité des yeux, elle s'effraya. Échevelée. elle se sauva dans le corridor :

– Au secours ! au secours ! cria-t-elle.

Derrière elle, Rémond, sorti du réduit, était venu s'agenouiller devant la nudité de son père. D'abord il avait cru à un étourdissement, à une syncope.

Maintenant, immobile, il contemplait les yeux fixes, la lèvre blême retroussée sur les dents dans un rictus simiesque ; les joues poupines dont le sang s'était retiré brusquement, le ventre monstrueusement tatoué, où se caillaient des filets de sang. Et devant les signes non équivoques de la mort, il s'écroula sur le tapis, sanglotant. (ALBERT JUHELLE, *Les Pêcheurs d'hommes*, Chap. xx. I vol., Fasquelle. Paris, 1897.)

Le sénateur de *Venise sauvée* n'est pas lugubre à la

façon du comte d'Orgeval. Il représente la déliquescence et la porcherie imbécile du viveur suranné. Ce n'est point la Camarade qui mène, par les bosquets d'Amathonte, ce porc sérénissime vers le champ du repos. Un ébrouement de luxure impuissante plutôt qu'un souffle d'agonie empâte sa bouche violâtre. Ce n'est pas un moribond. C'est un gâteux.

Les « vieux messieurs » qui, dans les restaurants de nuit, soupent avec des filles de plâtre, recherchent, pour susciter la torpeur de leurs organes, les mêmes pratiques effrénées. C'est macabre, fétide et saugrenu. Un fait connu de tous les Parisiens : les abbesses de clapiers gardent précieusement, dans une armoire à cet usage, les martinets, les gaules de bouleau, avec des cravaches et des lanières attachées par une faveur bleue que demande, à l'heure du berger, cette bizarre clientèle que traitent d'« hommes à passions » les marchandes d'amour. En Angleterre, où la débauche prend la bête à plaisir bien avant sa nubilité, c'est la *grenn girl* qui reçoit les étrivières, tandis que les habitués des lupanars continentaux goûtent plus communément la flagellation passive. Les capitales de l'Europe et du monde n'ont aucun reproche mutuel à se faire là-dessus. Le riche n'est-il pas en tous lieux une brute malfaisante, moitié gorille et moitié verrat ? [8].

AQUILINA

Dis-lui que je suis au lit, dis-lui que je ne suis pas à la maison, dis-lui que je suis en meilleure compagnie que lui, enfin tout ce que tu voudras ; en un mot, dis-lui que je ne veux pas le voir, et, qu'il est le plus sot et plus ennuyeux, le plus éternellement importun il est de pire compagnie qu'un mauvais médecin. Je ne veux pas être ainsi interrompue à des heures indues.

LA SERVANTE

Mais, madame, il est déjà ici ; il vient de passer la porte.

AQUILINA

Eh bien, fais-la lui repasser. Vous êtes sotte, étourdie ; vous n'êtes bonne à rien. S'il ne veut pas s'en aller, mets le feu à la maison

---

8   Cf. JEAN LORRAIN, *Le Crime des riches*. L'histoire du banquier Sturse et de la naine en brocart vert qui fait songer à un Véronèse de la camelote.

et brûle-nous tous les deux ; j'aimerais
mieux trouver un crapaud dans mon
assiette que ce vieux et hideux animal dans
ma chambre, la nuit.

(Antonio entre.)

ANTONIO
Naqui, Naqui, Naqui... Comment ça va-t-
il, Naqui ? Allons, dépêchons-nous, me
voilà arrivé, petite Naqui ; il est plus
d'onze heures ; il est tard. En conscience, il
est bien temps de se mettre au lit, Naqui.
M'entendez-vous, Naqui ? Naqui,
Aquilina, Lina, Lina, Quilina, Quilina,
Quilina, Aquilina, Naquilina, Naquilina,
Aqui, Aqui, Naqui, Naqui, ma reine,
Naqui !... Il faut se mettre au lit. Allons,
ma pouponne, ma friponne... mon petit
chat... je suis un sénateur.

AQUILINA
Vous êtes un sot, bien certainement.

Le masochisme

ANTONIO

Cela peut bien être, mon cœur ; mais je n'en suis pas plus mauvais sénateur pour cela. Allons, allons, Naqui ! Mettons-nous au jeu, Naqui !

AQUILINA

Vous voudrez bien, seigneur, ne pas m'importuner plus longtemps, et me laisser seule : ne buvez pas trop, et retournez chez vous, monsieur.

ANTONIO

Chez moi, madame ?

AQUILINA

Oui, chez vous, monsieur. Qui suis-je ?

ANTONIO

Madame, autant que je le puis savoir, vous êtes ma... vous êtes... tu es ma petite Naqui, Naqui... Et puis c'est tout.

AQUILINA

Je vous trouve si résolu à m'importuner, que je veux en finir là-dessus en peu de mots ; je vous hais, je vous déteste ; vous me déplaisez ; je suis lasse de vous, je suis malade. Allez vous pendre : vous êtes un vieux nigaud, impertinent, inutile et importun galant. Vous avez le chef branlant et le corps cacochyme ; vous aimez à vous mêler de tout, et si vous n'aviez pas d'argent vous ne seriez bon à rien.

ANTONIO

Bon à rien ! Allons, dépêche-toi, c'est ce qu'il faut savoir. On n'a que soixante et un ans et l'on ne serait bon à rien ? Voilà qui est parfait ! (À la servante.) Allons, allons allons, mademoiselle la sotte, allez-vous-en pour le moment ; aller je vous le dis ; c'est notre plaisir et notre volonté d'être seuls pendant quelques instants... Hors d'ici, hors d'ici, quand on vous l'ordonne. (Il la pousse au dehors et ferme la porte.) Bon à rien, dites-vous ?

Le masochisme

AQUILINA

Eh bien, à quoi êtes-vous bon ?

ANTONIO

En premier lieu, madame, je suis un vieux et conséquemment sage ; très sage, madame ; entendez-vous cela ? En second lieu, faites attention que je suis sénateur, et que, lorsque je le trouve à propos, je puis faire des discours. Allons, dépêchons-nous, je vais faire un de mes discours au Sénat, et alors cela vous fera dresser tes cheveux sur la tête.

AQUILINA

Qu'ai-je à faire de vos discours au Sénat ? Gardez le silence ici, et je vous en serai bien obligée.

ANTONIO

Ah ! je puis te faire des discours aussi, mon aimable personne. Par exemple Charmante cruelle !... (Il tire sa bourse et la secoue à chaque phrase.) Puisque mon mauvais destin fait que je vous trouve de mauvaise humeur contre votre serviteur... quoiqu'il soit un peu tard... j'espère qu'il n'est pas trop tard pour obtenir un bon accueil de mon cher amour... Voilà qui est pour toi, ma petite Naqui ; Naqui, prends cela... prends donc cela... je te dis de le prendre, ou je vais te le jeter à la tête... Comment ! tu es rebelle ?

AQUILINA
Vraiment, mon illustre sénateur, je dois avouer maintenant que Votre Seigneurie est profondément éloquente.

ANTONIO
Très bien ! Allons, assieds-toi, et pense à cela un peu... Assieds-toi, te dis-je... Assieds toi un peu auprès de moi, ma Naqui, Naqui. Allons, (il s'assied.) dépêche-toi... Bon à rien ?

AQUILINA
Non, monsieur, s'il vous plaît ; je sais trop

le respect que je vous dois.

ANTONIO

Le respect ! Comment, Naqui, toi debout et moi assis ! n'est-ce pas le cas de dire avec le poète :

Est-ce la mode

Que mari soit à l'aise et que
[femme s'incommode ?

Allons, dépêchons... Tu ne veux pas t'asseoir ?... Vous le voyez, grands dieux !... Vous ne voulez pas vous asseoir ?

AQUILINA

Non, monsieur.

ANTONIO

Alors, il me parait que vous me prenez pour un bœuf ; un bœuf grossier, le plus bœuf des bœufs, un vrai bœuf. Je n'ai donc qu'à me lever, à baisser la tête. Je mugis, je vous dis que je mugis, je mugis. Vous ne voulez pas vous asseoir, vous ne le vouiez pas ? Je mugis !

(Il meugle comme un bœuf et court après elle.)

AQUILINA
Hé bien, monsieur, il faut s'y résoudre. (Elle s'assied.) À présent que Votre Seigneurie a été un bœuf, quelle bête Votre Excellence veut-elle être ensuite ?

ANTONIO
Non, je redeviens sénateur, et ton amant, ma petite Naqui, Naqui. (Il s'assied auprès d'elle)... Ah ! crapaud, crapaud, crapaud, crapaud ! crache-moi un peu au visage, Naqui ; crache-moi au visage un petit peu, rien qu'un petit peu ; crachez donc, quand je vous l'ordonne, quand je t'en prie. Allons, allons donc. Est-ce que vous ne le voulez pas ? Alors, je vais me faire chien.

AQUILINA
Chien, monseigneur ?

Le masochisme

ANTONIO

Oui, un chien, et je te donnerai cette autre bourse pour que tu me laisse faire le chien, et que tu me traites un peu comme un chien... Allons, dépêchons... je le veux... Tiens, la voici.

(Il lui donne la bourse.)

AQUILINA

Bien, de tout mon cœur. Mais il faut que je supplie votre chienne de seigneurie de faire tous vos tours le plus tôt que vous pourrez, afin qu'on puisse se délivrer de votre mauvaise odeur et vous mettre à la porte comme vous le méritez.

ANTONIO

Ah, ah !... Il n'y a pas de raison à cela... Cela ne me fait pas peur. (Il se met sous la table.) Ouah, ouah !...

(Il aboie comme un chien.)

AQUILINA

Doucement, doucement, monsieur, je vous

prie ; quand les chiens mordent, on leur donne des coups de pied, monsieur. Comme cela, voyez-vous !

ANTONIO

Ah ! de tout mon cœur. Va, donne-moi des coups de pied par-dessous la table, plus fort, plus fort que cela !... Ouah, ouah, ouah ! Je vais te mordre les jambes. Ouah, ouah ! Ah ! elle donne de bons coups de pied.

AQUILINA

Hé bien, il y a une autre manière d'en agir avec vous, et j'ai un instrument pour cela. (Elle prend un fouet.) Ah ! vous mordez votre maîtresse, coquin. À la porte ! chien, au chenil, ou l'on vous étranglera. Ah ! vous mordez les jambes de votre maîtresse, drôle !
(Elle le frappe.)

ANTONIO

Ah ! tu es trop aimable à présent, Naqui ;

finis, je t'en prie ; je ne veux plus être chien.

AQUILINA

Pas de caresses, ni de dents : Allez-vous-en, ou bien je vais vous donner des coups de fouet. Ah ! vous mordez les jambes de votre maîtresse, vilain ! À la porte, hors d'ici, hors d'ici ; au chenil, coquin ; allez-vous-en !

(THOMAS OTWAY, *Venise sauvée*, acte III, scène I.)

Peut-être convient-il de rattacher à l'*algolagnie* active non seulement les meurtriers anthropophages, La Gala, par exemple, et les tueurs de filles qui ne sont pas des tire-laine (Philippe, 1865, Lesteven, « Espagnol de Montmartre », 1893), mais encore les empoisonneurs. L'inexplicable démence de la Brinvilliers portant des tourtes arsenicales aux pauvres de l'Hôtel-Dieu, la furie d'empoisonnement que révéla dans une mesure permise (car les nobles dames qui payaient à la Filastre ou à la Voisin leurs poudres de succession descendaient de l'Olympe et tenaient de près à Jupiter), l'enquête de la Chambre ardente ; les méfaits d'Hélène Jégado (1860), de Gesche Gottfried (Brème, 1832), de Marie Jeaneret (Genève, 1868), plus tard de Jeanne Weber, l'« ogresse » dont l'immense docteur Doyen a décrit le *curriculum* avec une si lumineuse aurore, semant les désastres et les deuils, tuant sans profit ni raison, ne témoignent-ils pas d'un attrait sexuel plus ou moins larvé dans les actes de ces mégères ? Pour donner le boucon à des misérables, pour braver la curiosité publique et les investigations de la justice, n'éprouvaient-elles pas une délectation plus vive que la crainte ou le remords ?

Lacenaire disait : « Tous les pédérastes ne sont pas assassins, mais tous les assassins sont pédérastes. » Les fous érotiques ne sont pas tous, à coup sûr, des empoisonneurs ; mais peut-être des empoisonneurs célèbres sont-ils plus ou moins tous des psychopathes de l'amour.

*

* *

Les bouffons ne manquent pas ici :

Marie Alacoque, la sœur Nizette, Benoît Labre, les amateurs de la rue Duphot, la clientèle du café Roy

(1888), du *Scarabée* (1900) et autres lieux où le consommateur achète à prix d'or la satisfaction d'être mécanisé, battu et larronné, sont justiciables moins de Swift ou de Juvénal que de Tabarin et de Gauthier-Garguille. On peut lire dans Carlier (*Les Deux prostitutions*, 1 vol., Dentu, 1889) — tous les anciens chefs de la Sûreté demandent aux casseroles des journaux de leur fabriquer d'« authentiques mémoires » — quelques historiettes assez vives. Un uraniste viennois demande, par la voie des petites affiches, des coltineurs de bonne volonté ; répondre bureaux du journal ; adresser à *Monsieur l'Amant de la Nature*. La Princesse Salomé (1867), notable commerçant, riche, considéré, emploie à d'étranges passe-temps les soirs de carnaval. Il va aux abattoirs, aux fabriques de Grenelle ou de Saint-Ouen. Dans les guinches mal famés, il recrute les souteneurs, les costauds les plus drus. Des poings démesurés, un visage bestial servent de recommandation. Quand la troupe est au complet, ils s'égaillent parmi les terrains vagues des *fortifs*. Le maniaque appelle un des voyous qui tombe sur lui à poings rabattus et ne l'abandonne qu'après l'avoir exactement dévalisé.

À peine seul, avec de grands cris et des soupirs, « la Princesse » lamente son infortune : « Quel accident pleure-t-il, pour un jeune homme de si bonne famille ! » Puis il fait tinter ostensiblement quelques pièces de monnaie au fond d'une poche secrète.

Paraît aussitôt un truand de renfort qui le pille et le houpille. C'est un concours entre les *gonses poilus*. Ils mettent à rouer leur client, à débrider sa pécune la plus louable émulation. Leur manège se renouvelle autant de fois que la « Princesse » demande ses acolytes et dure jusqu'au bout du rouleau. Quant les gars musculeux ont suffisamment battu et grugé leur pratique, le moment vient de clore la séance. Avec beaucoup de pleurs et de quérimonies, « Salomé » emprunte au dernier de ses *aminches* de quoi payer un fiacre et, le lendemain, par la poste, retourne exactement cette petite somme : car, en affaires, c'est le plus exact des négociants.

Tel fut, pendant l'« orgie impériale », un des masques les plus divertissants du carnaval bonapartiste. Il ne semble pas que la République ait moralisé Paris. Les papiers publics, avec un cynisme digne des plus chevronnées maquerelles, offrent à leur quatrième page, « Annonces » et « Petite correspondance », un catalogue étoffé de toutes les ignominies (cf. la collection du *Gil Blas*, du *Journal*, etc.). Les filles donnent, avec leur adresse, un aperçu de leurs talents, ou bien, après fortune faite, sollicitent la main d'un officier dans le besoin, d'un gentilhomme que les « taches » n'incommodent pas ; un grée lance des appels de fonds pour « voyage en Péloponèse », offrent la moitié de la recette au banquier sans scrupule. Viennent les masseuses, les chiromanciennes, les maisons interlopes de modes et de parfumerie, celles où, pourvu de quelques louis, un pérégrin peut aimer à l'heure, ou à la course, comme on prend une voiture, acheter de fausses vierges, des éphèbes ou des mâles, recevoir ou donner toute espèce de nazardes et de flagellations.

Il ne parait pas que la presse des autres capitales mette dans ces trafics beaucoup de retenue.

Ainsi on a pu lire, dans la *Gazette de Berlin*, dans la *Vossische Zeitung* et dans le *Journal de Berlin*, la note que voici :

> Monsieur, trente-trois ans, désire connaissance d'une dame qui s'intéresse aux œuvres de Sacher-Masoch. Y. O. — 1378. — Bureau du journal.

Une autre, plus laconique, mais non moins

explicite, emprunte au romancier favori la teneur de ses offres :

Séverin cherche sa Wanda.

Sous la rubrique : « Mariages », un avis est rédigé en ces termes :

Monsieur, trente-sept ans, caractère faible, épouserait dame impérieuse, autoritaire, etc.

La *Vossische Zeitung*, aux annonces pédagogiques :

Institutrice sévère demandée pour grands garçons. On voudrait une dame connaissant à fond la discipline anglaise.

Il parait que la Wanda ne se fit pas attendre ; car le même journal publiait, peu de temps après, une lettre du jeune homme au comble de ses vœux :

Ma sévère maîtresse, j'ai trente-quatre ans ; je suis un garçon mal élevé qui a besoin qu'une gouvernante impérieuse le redresse. Sachez, en outre, que je suis très gai, très enjoué, d'humeur pétulante et que nul, jusqu'à présent, ne réussit à me dompter.

Je désire, cependant, être châtié quelquefois par une main des plus rudes.

Serez-vous capable de me soumettre ? Je suis fier et ne me rendrai pas volontiers. Je m'insurge contre l'autorité ; je n'endurerai point, sans révolte, vos essais de domination. Votre tâche ne sera donc pas facile ; mais soyez sans crainte, et vous verrez alors ce qu'il vous est possible de tenter en ma faveur. Cela dit, si vous croyez pouvoir assumer la charge d'un enfant indisciplinable, le mettre à vos pieds et le dompter à coups de fouet, veuillez, je vous prie, m'en aviser au plus tôt. — Votre humble garçon mal élevé.

Il paraît que la deuxième lettre donna contentement au Séverin inoccupé. La Wanda pouvait faire les délices du masochiste le plus exigeant. Son nouvel abonné chante leur épithalame, se réjouit à l'expectative des affronts et des coups.

Il expose à la « déesse impitoyable » les détails de la

réception qu'il en espère quelques soufflets, par manière de hors-d'oeuvre ; puis, le visiteur (qui ne partage point l'avis de la comtesse de Pimbêche) demande à être lié de la façon la plus étroite. Il opposera une résistance furieuse ; mais que sa déesse le ligote, pieds et poings, dût-elle se faire assister par une demi-douzaine de p... Il veut ensuite qu'on implante avec des épingles un ruban sur ses bras et sa poitrine (à l'inverse du *Vieux Loufoque*, de Forain, *Courrier Français*, 1889). Cela fait, qu'on le cingle à coups de garcette jusqu'au temps que la peau se vulnère et que le sang dégoutte sur le parquet.

*

* *

Tels sont, brièvement indiqués, les principaux aspects de la folie *algolagnique*. On a du toucher à l'horreur et provoquer le dégoût. Mais l'honnêteté d'un pareil discours se fonde sur la licence même. Il est permis de dire crûment les hontes et les forfaits dont se délecte l'hypocrisie abominable des riches, des ventrus. Voilà ce qu'imposent à leurs victimes les acheteurs de prostituées, dans les bagnes, les Sodomes, les cloaques et les ergastules où, sous ses maigres haillons, la Faim demande au Viol une aumône exécrée.

La lucarne fumeuse de Lysisca, l'odeur du lupanar, le méphitisme des haleines, le remugle de chairs, de liqueurs spiritueuses, de cosmétiques rances et de tabac invétéré se mêlent aux vapeurs du sang, aux miasmes du charnier. Comme une bête férue à mort, la Luxure brame et pleure au fond de sa couche homicide. Qu'importe ! sur la bourgeoisie ordurière — cadavre nauséabond et maquillé — sur la ruine des civilisations démentes, sur la névrose du riche qui se plaît aux étreintes carnassières de l'*algolagnie*, sur la déréliction des pauvresses qui « travaillent en chemise », l'amour sauveur épanouit son allégresse — tel un arbre d'avril sur les bords d'un cloaque. La terre est verte comme un jeune espoir. Dans le ciel bleu passent des nuées de tourterelles. Des effluves de miel imprègnent l'air plus doux. Les filles de quinze ans suspendent à leur chevelure des grappes de lilas. Par l'enclos ténébreux où l'herbe fait aux morts un linceul d'émeraude, les couples ingénus se baisent à pleines lèvres.

C'est la *Caverne* de Platon : ceux qui n'ont pu trouver le champ de leur désir, la glèbe hospitalière de joie et de beauté, cèlent au plus morne des nuits les stigmates dérisoires de leurs travaux perdus ; mais, loin des enchaînés et des ensevelis, baigné par des lueurs et des frissons d'aurore, debout sur la croupe virgilienne des coteaux, épris d'orgueil, d'harmonie et de lumière, un pâtre arcadien chante au soleil levant : « Tu souris sur des tombes, immortel Amour ! »

Prison de la Santé, 27 janvier 1902.

Le masochisme

Laurent Tailhade

BIOGRAPHIE

Laurent Tailhade vers 1895

Le masochisme

Polémiste, conférencier, pamphlétaire, poète satirique et libertaire, Laurent Tailhade utilisa de nombreux pseudonymes pour signer ses œuvres : Azède, El Cachetero, Dom Junipérien, Dom Junipérien, Lorenzaccio, Patte-Pelue, Renzi, Tybalt.

Né à Tarbes le 16 avril 1854 et mort à Combs-la-Ville le 2 novembre 1919, il est issu d'une vieille famille de magistrats et d'officiers ministériels qui, pour l'empêcher de s'adonner à la vie de bohème, lui firent contracter un mariage bourgeois.

A la mort de sa femme, il gagne la capitale où il dilapide tout son bien en quelques années. Ami de Verlaine, Jean Moréas, Albert Samain et Aristide Bruant, influencé par les Parnassiens, Tailhade écrit des poèmes où il exprime ses idées anarchiste et anticléricale.

Le 4 février 1887, il est initié à la Franc-maçonnerie qu'il quittera le 15 février 1906.

Tailhade devient populaire à partir de décembre 1893, lorsqu'il proclame son admiration pour l'attentat anarchiste d'Auguste Vaillant : « Qu'importe de vagues humanités pourvu que le geste soit beau ! » .

Quelques mois plus tard, il est lui-même victime d'un attentat anarchiste lors d'un dîner au restaurant

Foyot, où il perd un œil. Il ne renie pourtant pas ses convictions.

En 1901, il est poursuivi devant le tribunal pour un article publié dans *Le Libertaire*, appel au meurtre du tsar Nicolas II alors en visite en France. Il est condamné à un an de prison ferme et séjourne à la prison de la Santé d'octobre 1901à février 1902.

En 1902, il prononce un panégyrique aux obsèques d'Émile Zola, venu le défendre un an plus tôt lors de son procès.

Au Pays du mufle (1891) et *Imbéciles et gredins* (1900) font parti de ses recueils les plus célèbres.

OEUVRES

- *Le Jardin des rêves : poésies*, Paris, A. Lemerre, 1880
- *Au pays du mufle*, 1891.
- *Poèmes élégiaques. Vitraux*, Vanier, 1891
- *Vitraux*, Paris, A. Lemerre, 1894
- *Terre latine*, Paris, A. Lemerre, 1898
- *À travers les Grouins*, Stock, 1899
- *Imbéciles et gredins*, 1900
- *L'Ennemi du peuple par Henrik Ibsen.* Societe libre d'edition des gens de lettres, 1900
- *La Touffe de sauge*, Éditions de la Plume, 1901
- *La Gynnécocratie, Ou La Domination De La Femme*, précédé d'une étude sur le masochisme dans l'histoire et les traditions, avec la coll. de Jacques Desroix, Charles Carrington, 1902
- *Discours civiques : (4 nivôse, an 109 - 19 brumaire, an 110)*, Stock, 1902
- *Lettres familières*, Collection rationaliste, Librairie de 'La raison', 1904
- *Poèmes Aristophanesques*, Mercure de

France, 1904

- *Omar Khayyam et les poisons de l'intelligence*, Paris, C. Carrington, 1905
- *La Noir Idole, étude sur la morphinomanie*, Leon Vanier, Editeur ; A. Messein, Succr., 1907
- *Poèmes éligiaques*, Mercure de France, 1907
- *Le Troupeau d'Aristée*, Sansot, 1908
- *La Farce de la marmite*, Messein, 1909
- *La Feuille à l'envers - Revue en un Acte*, Messein, 1909
- *Pour la paix, Lettre aux conscrits*, Messein, 1909
- *Un monde qui finit. La Dévotion à la croix. Don Quichote. Appendice*, Messein, 1910
- *De Célimène à Diafoirus. Essai consacré à Molière et à son époque. « Misanthropie et misanthropes - la pharmacopée au temps de Molière - notes »*, Messein, 1911
- *Pages choisies. Vers et proses*, Messein, 1912
- *Quelques fantomes de jadis. (Verlaine. - Auguste Rod de Niederhausern. - Charles Cros. - Vigny)*, Messein, Collection « Société des Trente, 1913
- *Les Commérages de Tybalt. Petits mémoires*

de la vie. 1903-1913, Crès, 1914

- *Les Livres et les hommes (1916-1917)*, Vrin, 1917

- *Les Saisons et les jours*, Crès, 1917

- *Petit Bréviaire de la gourmandise, notes sur quelques grands gourmands de l'histoire*, Messein, 1919

- *La Douleur. Le Vrai Mystère de la Passion*, Messein, 1919

- *Carnet intime*, Éditions du Sagittaire, Kra, 1920

- *Quelques fantômes de jadis.* Édition française illustrée, 1920

- *Les Reflets de Paris (1918-1919)*, P. Jean Fort, 1921

- *Petits Mémoires De La Vie*, Mémoires d'écrivains et d'artistes, Éditions G. Crès, 1921

- *Plâtres et marbres*, Éditions Athéna, 1922

- *Des Tragédies d'Eschyle au pessimisme de Tolstoi.* La Nouvelle revue critique, 1924

- *Épitres des hommes obscurs*, La Connaissance, 1924

- *Le Paillasson. Mœurs de Province*, Le livre, 1924

- *L'Escrime et la boxe*, A. Messein, 1924
- *La Médaille qui s'efface*, Crès, 1924
- *Poésies posthumes*, Messein, 1925
- *Masques et visages. Essais inédits*, Les éditions du monde moderne, 1925
- *Diderot, L'Idée libre*, 1925
- *Lettres à sa mère 1874-1891*, Rene van den Berg et Louis Enlart, 1926
- *La Pâque socialiste*, L'idée Libre, 1927
- *La Corne et l'épée. Réflexions sur la tauromachie*, Messein, 1941
- *Les filles de Camaret*, vers 1910

Laurent Tailhade

TABLE DES MATIÈRES

En couverture

Amedeo Modigliani, *Nu couché les bras croisés derrière la tête*, 1917.